04
본격
한중일
세계사

본격 한중일 세계사
04 태평천국 Downfall

초판 1쇄 발행 2018년 12월 21일 **초판 6쇄 발행** 2023년 6월 21일

지은이 굽시니스트
펴낸이 이승현

출판2 본부장 박태근
지적인 독자 팀장 송두나
디자인 하은혜

펴낸곳 ㈜위즈덤하우스 **출판등록** 2000년 5월 23일 제13-1071호
주소 서울특별시 마포구 양화로 19 합정오피스빌딩 17층
전화 02) 2179-5600 **홈페이지** www.wisdomhouse.co.kr

ISBN 979-11-89709-02-0 04900
979-11-6220-324-8 (세트)

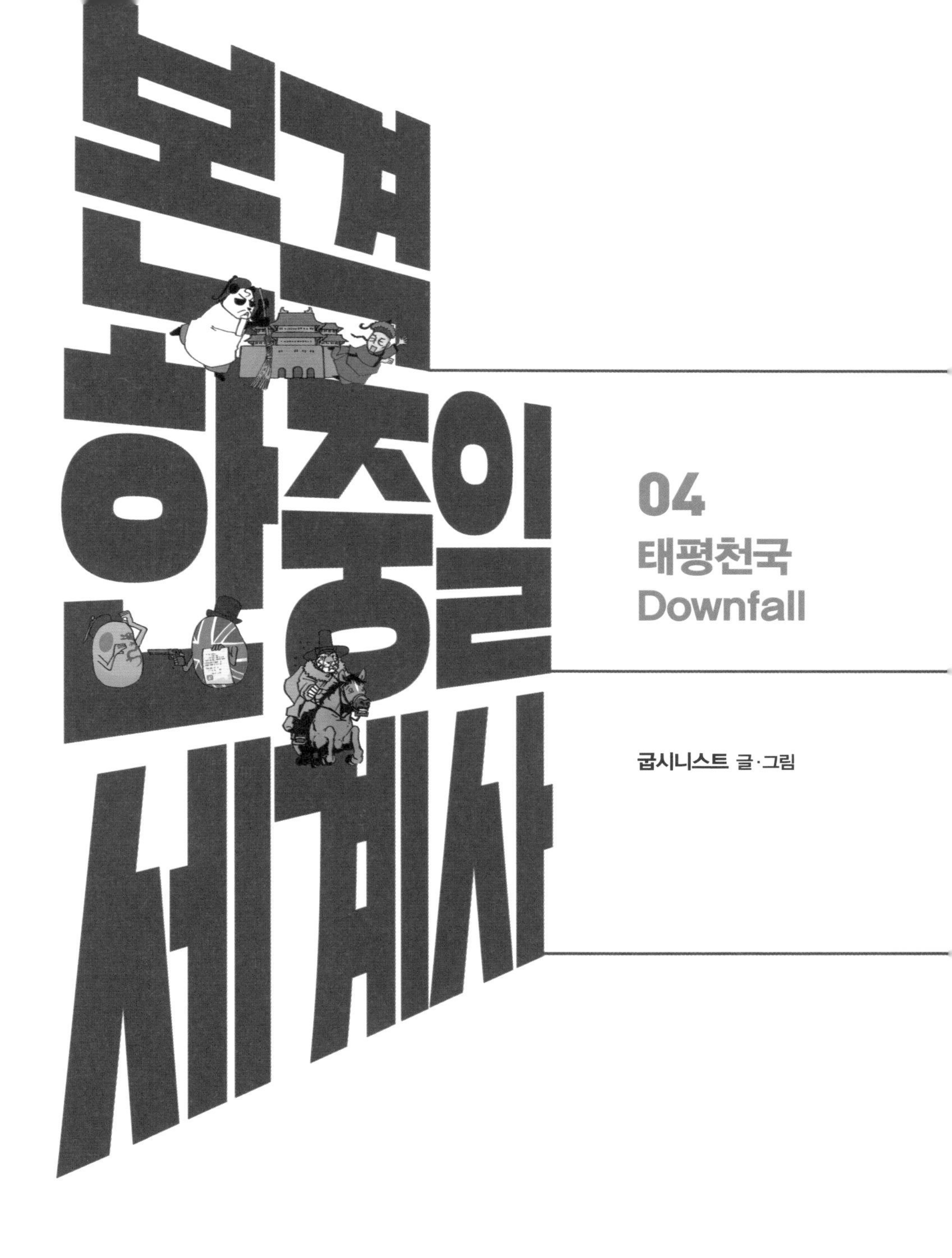
본격
한중일
세계사

04
태평천국
Downfall

굽시니스트 글·그림

위즈덤하우스

머리말

2018년이 가기 전에 이리 또 04권으로 독자 여러분을 뵙게 되니, 참으로 복된 연말이라 아니할 수 없습니다. 쇼핑몰에는 벌써 캐럴송이 울려 퍼지고 있지만, 의외로 태평천국에서는 캐럴을 부르지도, 크리스마스 행사를 치르지도 않았다고 합니다.

그러고 보니 04권에도 사이비 종교쟁이 이야기가 가득이군요. 이야기가 점점 늘어져서 청조가 망하든 태평천국이 망하든 아무나 빨리 망했으면 좋겠다는 소망들이 느껴집니다. 안타깝게도 다들 망할 것처럼 휘청거리지만 04권에서는 아직 아무도 망하지 않습니다. 태평천국이 망하는 부분은 05권으로 넘어가게 되었습니다. 그런데 04권을 읽어보시면, 태평천국이 아니라 청나라가 먼저 망할 것처럼 보이기도 합니다.

2차 아편전쟁과 태평천국의 난이라는 내우외환으로 휘청거리는 청조의 형세를 보면 왕조가 당장 망해도 이상하지 않아 보입니다. 장강 경제권을 초토화시킨 태평천국뿐 아니라 염군, 회교도 반란까지 동시에 터지는 판국에 배 타고 쳐들어온 양놈들에게 베이징까지 점령당하다니, 누가 봐도 청조는 곧 망하겠구나-라고 판단할 만합니다.

그런데 또 의외로 당시 사람들은 딱히 청조가 망할 거라고까지는 여기지 않았다고 합니다. 당장 중국에 쳐들어온 서양 세력들만 해도 어디까지나 베이징의 청 조정을 중국을 대표하는 정부로 인정하고, 모든 교섭을 청조가 중국 전체를 지배한다는 전제하에 진행했습니다. 이는 서양 세력이 지방 세력들과 따로 교섭할 필요가 없을 만큼 청 조정이 아직 지방 행정에 대한 컨트롤을 확실히 장악하고 있었음을 의미하죠. 일부 반란 지역을 제외한 대륙 전역의 관료 조직은 착실하게 작동하고 있었고 지방 향촌 말단까지 구석구석 장악하고 있던 향신 세력은 그 어떤 위기에도 불구하고 여전히 청조에 유교식 충성을 다하고 있었습니다. 지난 200여 년간 청조의 지배가 나름 괜찮았고, 이 질서가 계속 유지되기를 바란 사람들이 훨씬 많았다는 얘기겠죠.

이 당시 중국을 오간 조선 사신들은 정세 보고서에서 태평천국을 그리 큰 난리가 아닌 지방 도적 떼의 준동으로 취급했고, 영불연합군에 의한 베이징 함락도 천지가 뒤집히는 격변의 신호탄이 아닌 일시적인 사변으로 여겼을 뿐입니다. 이에 반해 일본에서는 태평천국에 대해 한족 국가 부흥 운동이자 대륙의 패권이 걸린 내란으로 보는 시각이 있었고, 2차 아편전쟁에 대해서도 중국이 완전히 서양의 먹잇감으로 전락했다고 여기는 시각이 있었습니다.

사실 조선과 일본의 시각차는 이리 보면 이쪽이 맞고 저리 보면 저쪽이 맞는 부분들이 있습니다. 결과적으로 태평천국은 난징 주변의 그리 크지 않은 영역만 초토화시켰을 뿐 지역 반란으로 끝났고, 서양 세력은 베이징에 들어왔다가 금방 나가 장사에 몰두할 뿐이었습니다. 이후 청조는 모든 혼란을 수습하고 다시금 힘을 회복하는 동치중흥기로 접어들며 반백년을 더 버텼으니, 이 모든 난리에도 청조의 통치가 계속되리라는 정세 판단은 크게 틀리지 않았다고도 볼 수 있습니다.

하지만 장기적으로 보면, 태평천국 전쟁으로 말미암아 청조는 10년의 시간과 막대한 경제력·인력을 낭비했기에 19세기 중반의 골든타임과 포텐셜을 허망하게 날렸다고 볼 수 있고, 2차 아편전쟁은 이후 중국에 대한 열강의 이권 침탈의 오프닝으로서 청조가 점차 쇠망해 50년 후의 멸망으로 가는 길을 열어젖혔다고 볼 수 있습니다. 그렇다면 결국 청조 존망의 파천황적 위기라는 정세 분석이 맞는 셈이죠. 이리 보자면 세상 모든 일에 대한 여러 가지 시각은 각자 나름의 합리와 식견을 지닌 것으로 다들 어느 정도 들어맞는 부분이 있는 것 아니겠습니까. 그 모든 것들에 대해 열린 귀를 지니고 황희 정승처럼 이도 옳고 저도 옳다 허허거리며 살아가는 것도 좋을 것 같습니다(하지만 점수를 매기자면 결국 조선의 정세 분석에는 낙제점을 줄 수밖에 없겠죠…).

이 책과 작가의 세상을 바라보는 관점, 시대에 대한 분석도 허술한 부분들이 적지 않겠지만, 부디 황희 정승 같은 관점으로 너그러이 관조해주시옵기를 청해 올립니다.

2018년 12월

굽시니스트

차례

제 1 장

Miss me?

1842, 43년, 조선으로 가는 길을 모색하던 김대건 신부는 프랑스 군함을 얻어 타고 난징에 들릅니다.

그리고 그곳에서 둘러본 바를 기록에 남겼으니.

난징에 오셨으니 난징의 랜드마크를 아니 보실 수 없죠.

금릉 대보은사탑!
大報恩寺塔
저게 뭐시여!?!
높이 78.2미터 (대략 아파트 23층 높이).
창과 기와, 모두 색유리로 제작.

※ 금릉金陵: 난징의 옛 이름.

그리 알록달록한
색유리로 만들어진 거대한 탑이,
밤이면 안팎으로
수백 개의 기름 조명을 밝혀
휘황찬란한 광휘를 뿜어내는 것.

이 황홀한 장관 앞에서는
서양인들도 놀라 자빠짐.
이거 현존
7대 불가사의 ㅇㅈ.

이 기상천외한 탑은 15세기 초,
명나라 영락제가 어머니 마황후를
기리기 위해 건립했습니다.

근데 애미가 그런 거
별로 안 좋아한다만;;
이미 돌아가셨으니까
괜찮지 싶어요~
저 효심 과시 좀 합시다.

당대 기술력으로 80미터에 달하는 탑을
건축하는 데는 애로사항이 넘쳐나
수많은 사고가 이어진 난공사였으니.

와장창

사람이 하도 죽어나가,
나중에는 사면을 대가로
죄수들을 공사에 투입.

으어;

색유리 제조 과정에서도
납유리를 다루느라 많은 기술자가
납 중독으로 사망.

그리 어렵게 지어졌지만 대보은사탑은
이후 400년 넘게 찬란한 자태로
난징의 지평선을 지켜왔습니다.
저 탑 혼자
사이키델릭한
풍경이야.

그런데 1856년 가을,
난징에서 벌어진
천경사변의 와중에
북왕 위창휘가—
석달개가 쳐들어오면 성 밖 저 탑 위에서
성안 포격 타깃의 좌표를 딸 수 있다.
그러니까 폭파시키도록.
예???!?

꽈뚜앙
파워 폭파!!

대보은사탑은 그렇게 지역민들의 아쉬움을 뒤로하고 400년 역사 속으로 사라졌습니다.
이제 천하쟁패에서 난징이 천명을 잡을 일은 없겠구나….

과연 난징에 도읍한 태평천국의 천명은
이를 기점으로 사라지는 것처럼 보였으니.

1856년 9월,
양수청 주살로 시작된 천경사변은
내부 학살을 거듭하며 폭주.

치열한 시가전을 거쳐
10월, 위창휘 일파 제거.

이후, 정국 수습에 노력했던
석달개도 반년 후인 1857년 5월,
천경을 이탈한다.

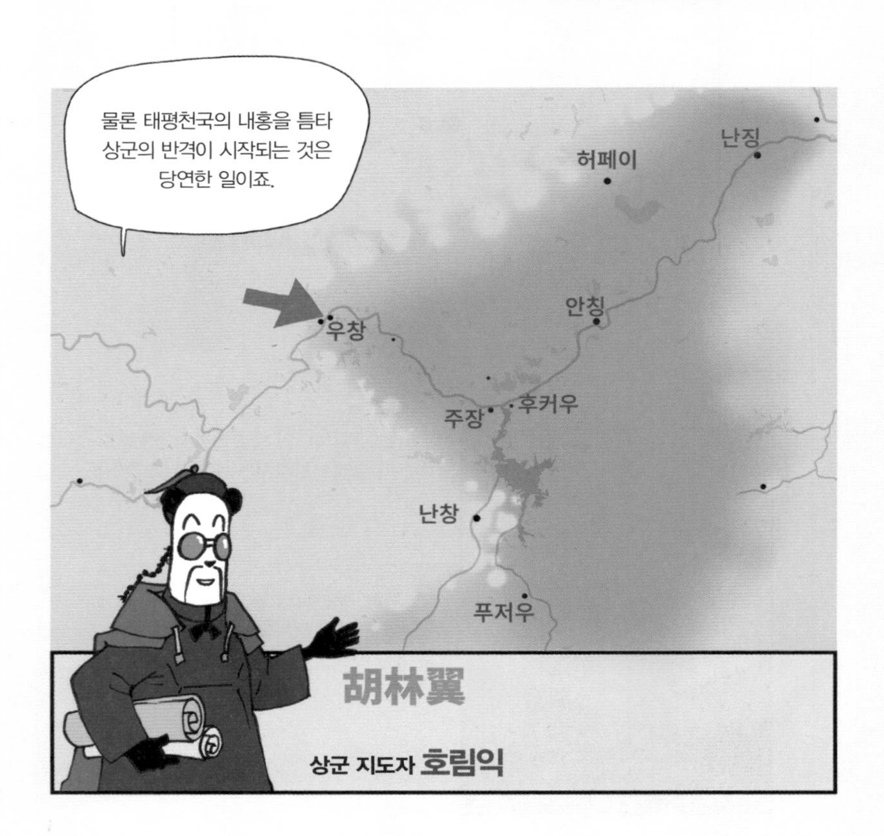
물론 태평천국의 내홍을 틈타
상군의 반격이 시작되는 것은
당연한 일이죠.
난징
허페이
안칭
우창
후커우
주장
난창
푸저우
胡林翼
상군 지도자 호림익

1856년 12월, 호림익과 이속빈의 상군이 우창 공격.

석달개 이하 장발적 주력은
난징에서 지들끼리
지지고 볶느라 정신없지!
으음;;
HO

태평천국군의 우창 수비 사령관은
위창휘의 동생 위준.

위준은 우창성을 버리고 야반도주.

이야~!
이게 이제 몇 번째
우창 수복이냐?
형도 죽었는데
내가 괜히 나설
필요 없겠지;;
몇 번째인지 몰라도
아무튼 앞으로 우창이 다시
점령될 일은 없을 겁니다!

기세등등하게 우창 점령에 성공한
호림익의 군과 달리-
난징
허페이
호림익의 군
안칭
우창
주장
후커우
증국번의 군
난창
창사
푸저우
지난 02권 마지막
장면에서 아직
1년밖에 안 지났다고.

난창의 증국번군은 아직 지난 서정西征 전역에서
석달개에게 입은 피해를 복구하지 못한 채 세력을 추스르는 중.

태평천국 측에서는 천경사변 이후의 혼란 중에도
이수성과 진옥성이 난징을 노리는 청 관군을 막아낸다.

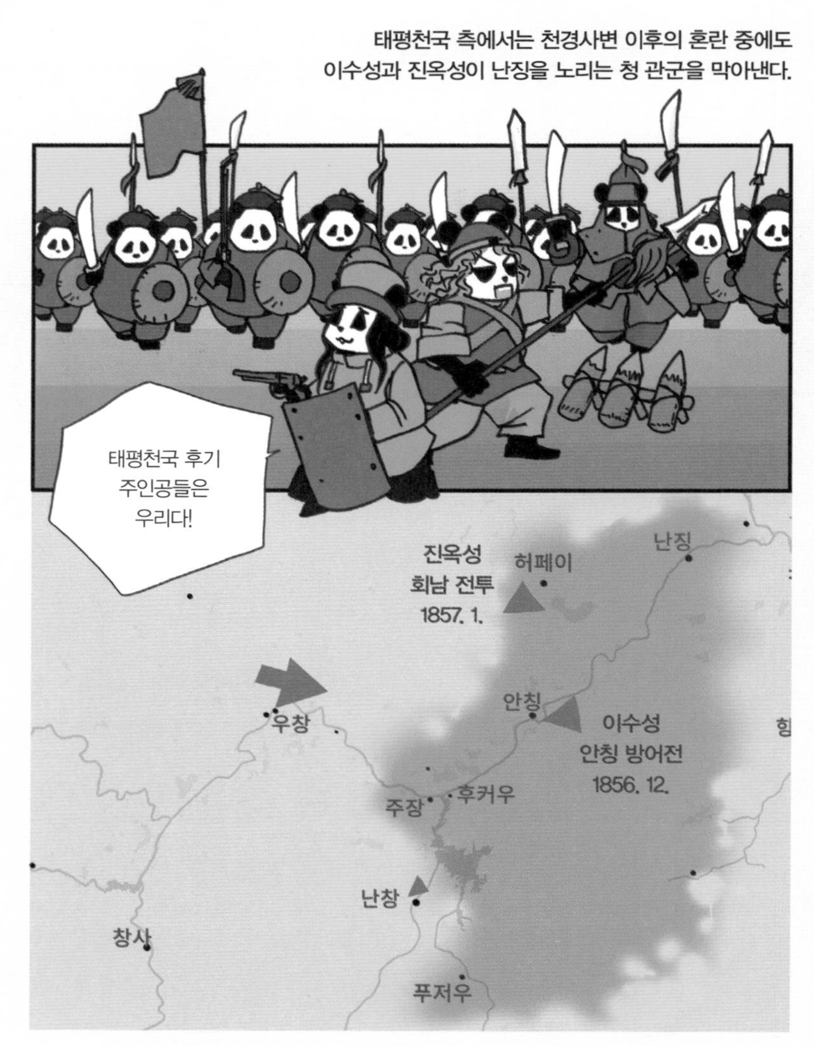

태평천국 후기
주인공들은
우리다!
진옥성
회남 전투
1857. 1.
허페이
난징
우창
안칭
이수성
안칭 방어전
1856. 12.
주장
후커우
난창
창사
푸저우

그럼에도 태평천국의 내홍을 기회로
청 관군은 난징을 향해 천천히 압박해 들어와
2차 강북-강남 양 대영 개진이 가시화.

또 난징 옆에
알박기냐?!

MEANWHILE

석달개가 천경을 이탈할 때,
주장-후커우 전구 사령관으로 박아놓은
부하 임계용의 합류를 기대했는데-

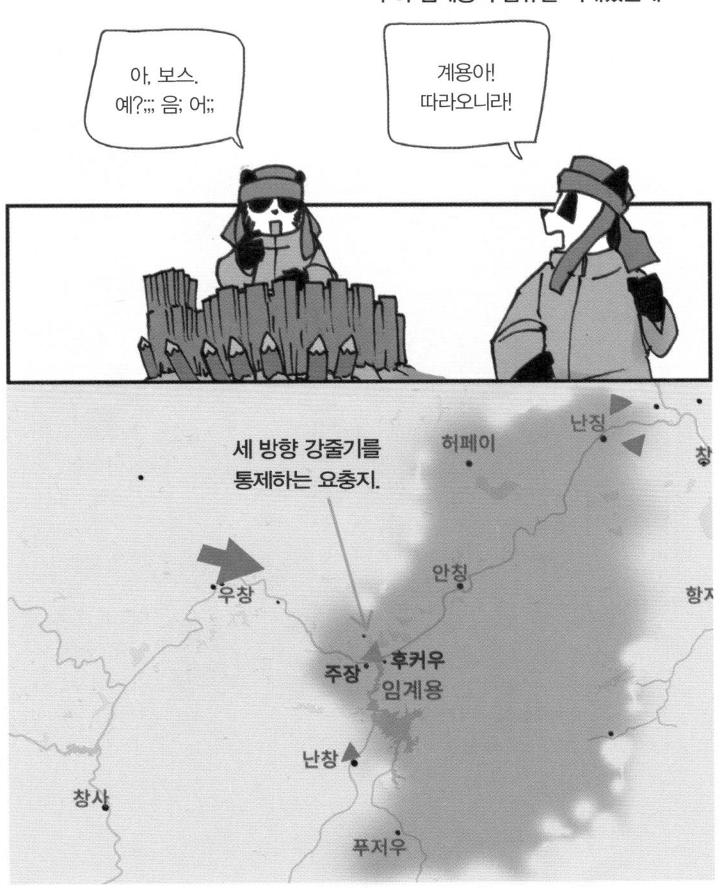

계용아!
따라오니라!
아, 보스.
예?;;; 음; 어;;
세 방향 강줄기를
통제하는 요충지.
허페이
난징
안칭
우창
주장
·후커우
임계용
난창
창사
푸저우

나, 못 따라감.
천왕님이 승진시켜준대요.
아, 이제 보스 아니니까
반말해도 되지?
잘 가~ㅂㅂ~
...

So-

1857년 중반,
전국戰局은 대충 이런 모양새입니다.

강북대영 건설하러 내려오는 청 관군 승보 & 덕흥아
허페이 방면의 이수성
우창을 점령하고 장강을 따라 진격하려는 호림익 & 이속빈
주장의 임계용
난징
허페이
안칭
우창
후커우
주장
난징 남쪽의 진옥성
난창에서 힐링 중인 증국번
난창
창사
푸저우
어디로 갈지 고민 중인 석달개
푸저우를 지키는 증국전

뭔가 오랫만이라 설명이 좀 필요할 것 같아서 말이죠.
누구한테 설명하는 거여….

이 시점에서 주목할 점은
증국번이 지난해의 연전연패 이후
찌리가 되어 전력 복구에
쩔쩔매고 있는 반면–

…주목하지 마.

호북 방면 상군 지도자인 호림익은
우창 수복의 공으로 호북순무로 임명되고
조정의 아낌없는 지원을 받고 있습니다.

우창은 사실
주워 먹은 건데 ㅎ;
호북순무
元

증국번 휘하 상군이 석달개와의 전투로 걸레짝이 된 반면,

호림익 휘하의 상군은 우창 수복을 위해 모은
쌩쌩한 정예병력이
별다른 피해 없이 건재.

아아, 호림익은 학문으로 이미
조정에서 벼슬을 높인 바 있고
조직 관리, 대인 관리에
대단히 뛰어난 인재이니,
저리 쓰임받는 것은 당연한 일!
나라를 위해 다행스러운 일이로다!
이를 악물고 말씀하셔서
말풍선의 글씨체가
기울어졌어요….

사실 좀더 깊이 있게 논하자면,
호림익은 유능한 서포터 타입이지.
대국을 주도하는 메인 오더 잡을
타입은 아니야.
지원·보급
버프받아라~!
어이쿠, 본심이 나오시네.
그러면 본인이
메인 오더 타입이란 건가.

호림익이 지금 치고 올라오는 건,
휘하 맹장 이속빈의 전공에
힘입은 바가 크지.

자! 한타
갑니다!!

힐딜 듀오
쩔죠!

상군 장수 이속빈

아, 너님은 휘하에 저런
유능한 인재가 없어서
후달리신다는 건가요?
휘하에 닭 잘 튀기고
꼬인 소리 시부리는
성격파탄자밖에 없어.

그러고 보니, 이속빈은
과거시험 근처에도 안 가본
석탄장수 출신 향토 의용병.

강남대영 건설하러
올라오는 장국량도
수적 출신-장발적 전향자.

난세는 흙수저들의
취업박람회!

그럼에도 이들은 군공으로
벼슬이 안찰사와 제독에 이르렀습니다.

인재들이 과거시험을 거치지 않고 군공만으로 출세하는 현상을 어떻게 생각하시는지요.
아아, 바람직한 현상이죠. 뛰어난 인재들이 과거시험으로 시간 낭비하지 않고 바로바로 요직에 등용되는 건 난세의 긍정적인 일면 아닐까요.
(그런데 만주 귀족 무능력자들은 과거시험도, 군공도 없이 그냥 혈통빨로 고위직 독차지하네. ㅅ#B)

※ 증국번: 전시 합격자. 한림원 학사 출신.

아, 그러고 보니 좌종당 너님은 과거시험 본시 계속 낙방하고 과포자 되었잖슴?
아오!!! 나님 글씨가 악필이라고 시험관들이 답안지 읽어주지도 않아서 낙방한 거임!!
※ 좌종당은 악필로 악명이 높아

MEANWHILE

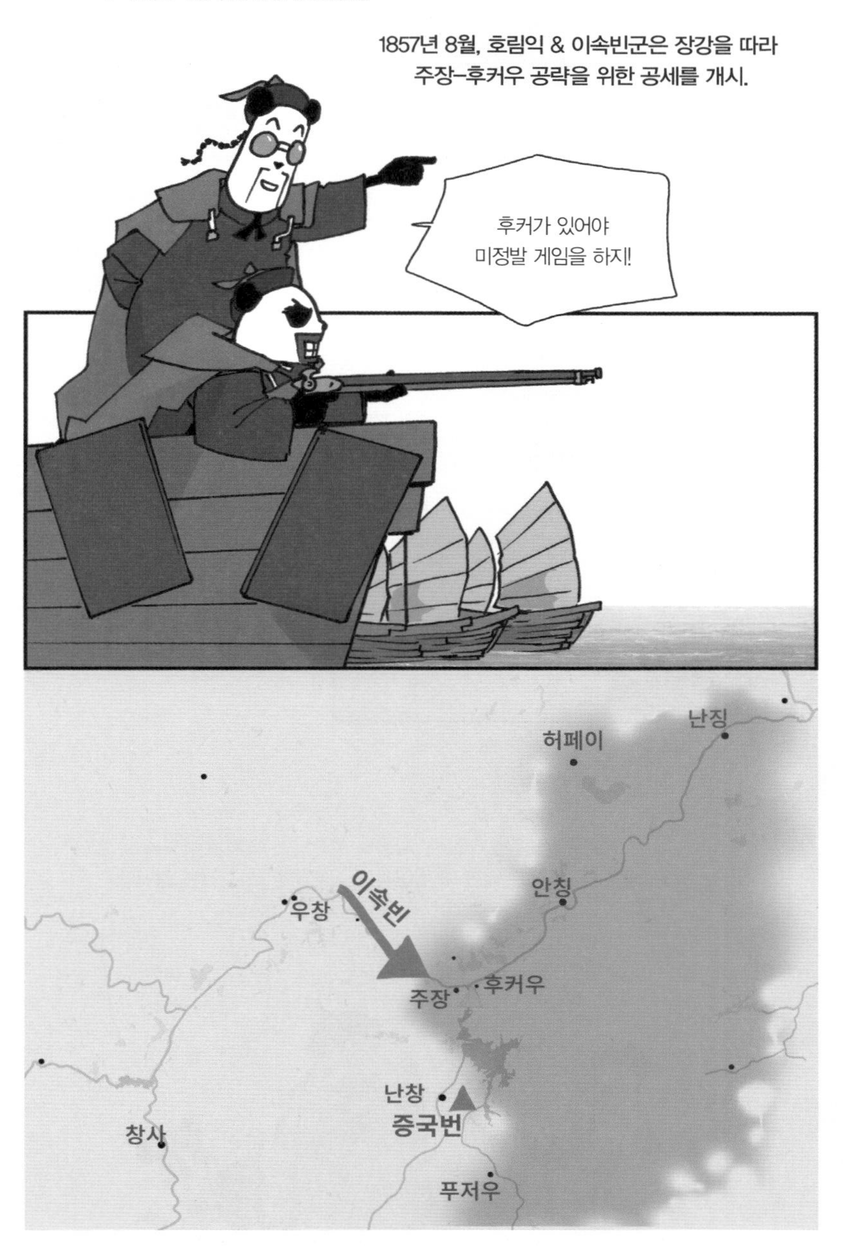
1857년 8월, 호림익 & 이속빈군은 장강을 따라
주장-후커우 공략을 위한 공세를 개시.
후커가 있어야
미정발 게임을 하지!
난징
허페이
안칭
우창
이속빈
주장
후커우
난창
증국번
창사
푸저우

작전을 위해
일단 난창에 있는
증국번 씨에게
연락을 취해봅니다.

Halo~!

아아, 호대감~!
호북순무 취임
축하드리오~!

아아~! 호북순무 자리는
원래 국번 씨가 받아야 할 자리 아닙니까!
조정의 계책으로 나님이 받았을 뿐이죠!
으읭?

조정은 한족 군벌 어느 한 사람이 특출나게 크지 못하도록
큰 싹은 밟고, 작은 싹은 더 밀어주는 견제책을 쓰고 있는 겁니다.

넌 좀더 자라서
견제하거라~
넌 좀 너무
큰 거 같다~

그런 견제–이간책의 벼슬 자리 하나에 훌러덩 넘어갈 호림익이 아니니 안심하시라고요~!
상군의 메인 센터는 예나 지금이나 앞으로나 언제나 국번 씨뿐이죠!

아, 역시 어쩌니 저쩌니 해도 호 대감 인성 하나는 甲이여!
의뭉스러운 소심남 증국번과 달리
호림익은 진솔한 인싸남이었죠.

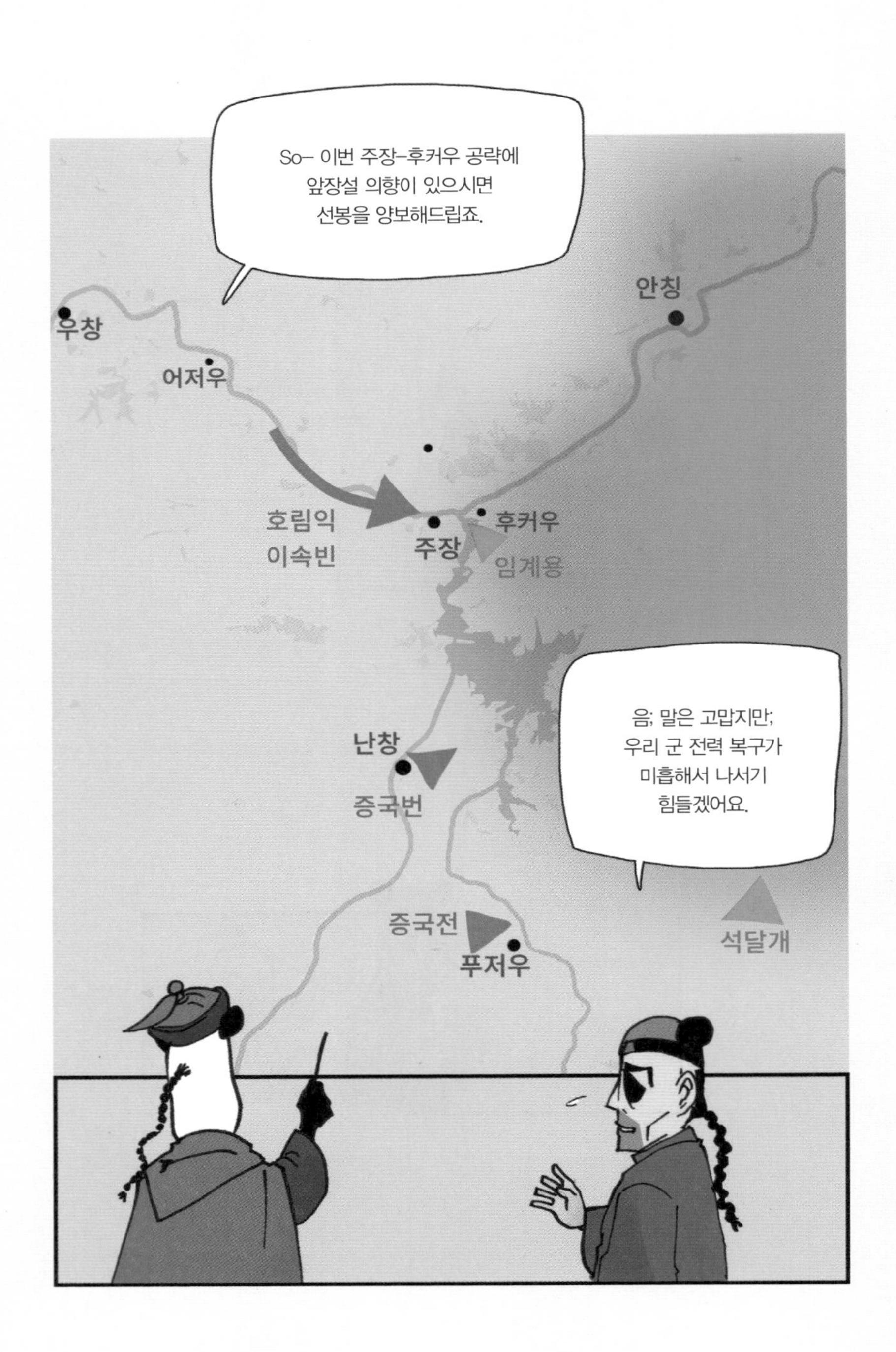
So– 이번 주장–후커우 공략에
앞장설 의향이 있으시면
선봉을 양보해드립죠.
음; 말은 고맙지만;
우리 군 전력 복구가
미흡해서 나서기
힘들겠어요.
우창
어저우
안칭
호림익
이속빈
주장
후커우
임계용
난창
증국번
증국전
푸저우
석달개

우리는 푸저우 방면에서
숙적 석달개를 상대하리이다.
석달개에 대한
회유-전향-귀순 공작과 더불어-
우리가 지금 거지인데
누굴 회유합니까;

푸저우 방면 석달개군 군영.

으으으으음…
어쩔까나….

증국번 쪽에서 밀서로 전해 이르길,
귀순한다면 익왕 전하를 양강 총독에
임명해준다는데요.
비서 한보영
증국번 그 아저씨는
자살 예방 센터 상담이나
받으러 가라 그래라.

지금 문제는—

천경을 박차고 나온 것까지는 좋았는데—
이런 식으로는 태평천국 오래 못 갑니다! 난 떠나겠습니다!
헐;;

이리 박차고 나올 때, 천경의 고관대작·군지휘관 들이 모두 나님을 쫓아오거나 붙잡고 늘어져야
천왕이 권력을 내놓고 뒷방으로 물러나지!
아이고, 익왕! 같이 갑시다!
원, 그리 가시면 우리 망해요!
으어! 나님이 권력 포기하고, 너님한테 전권 위임할 테니 가지 마시오!!
이런 그림이 돼야 하는데—

아무도 안 따라오고 한숨들만 쉬고 있으면 어쩌자는 거야!!
아이고; 이를 어쩌나;;
많이 삐졌는 갑네;;

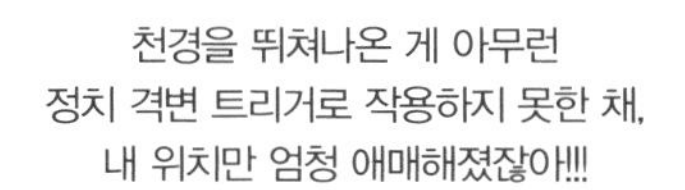
천경을 뛰쳐나온 게 아무런
정치 격변 트리거로 작용하지 못한 채,
내 위치만 엄청 애매해졌잖아!!!
일단 어디에 눌어붙어 있어야 할지도
엄청 애매해!!
어디서 군량미 달라고 하기도
엄청 애매해!!!
명함에 직함을
뭐라 써넣을지도
엄청 애매해!!
oh, 애매이징!

그럼 그냥 천경으로
복귀하시면 어떨까요?
이런 뻘쭘한 모양새로
복귀할 수 있겠냐!!
잠깐 바람 좀 쐬고 오니
시원하네요~ㅎㅎ;;
...

나님이 천경에 돌아가는 건,
천경이 위기에 처해
나님의 도움을 간절히 바라며,
천왕이 권력을 내려놓고 나님에게
전권 이양을 확언할 때!
(아예 양위해준다거나)
HELP!!
너님 다 줄게!!

그런 완벽한 조건을 갖춰야만 화려하게 컴백할 수 있는 것이야!

그때까지는 일단 좀
애매하게 엉거주춤
존버해봅니다.
…좀 찌질해
보여요

MEANWHILE

1857년 8월, 호림익-이속빈의 상군
수만 명이 주장-후커우에 도달.

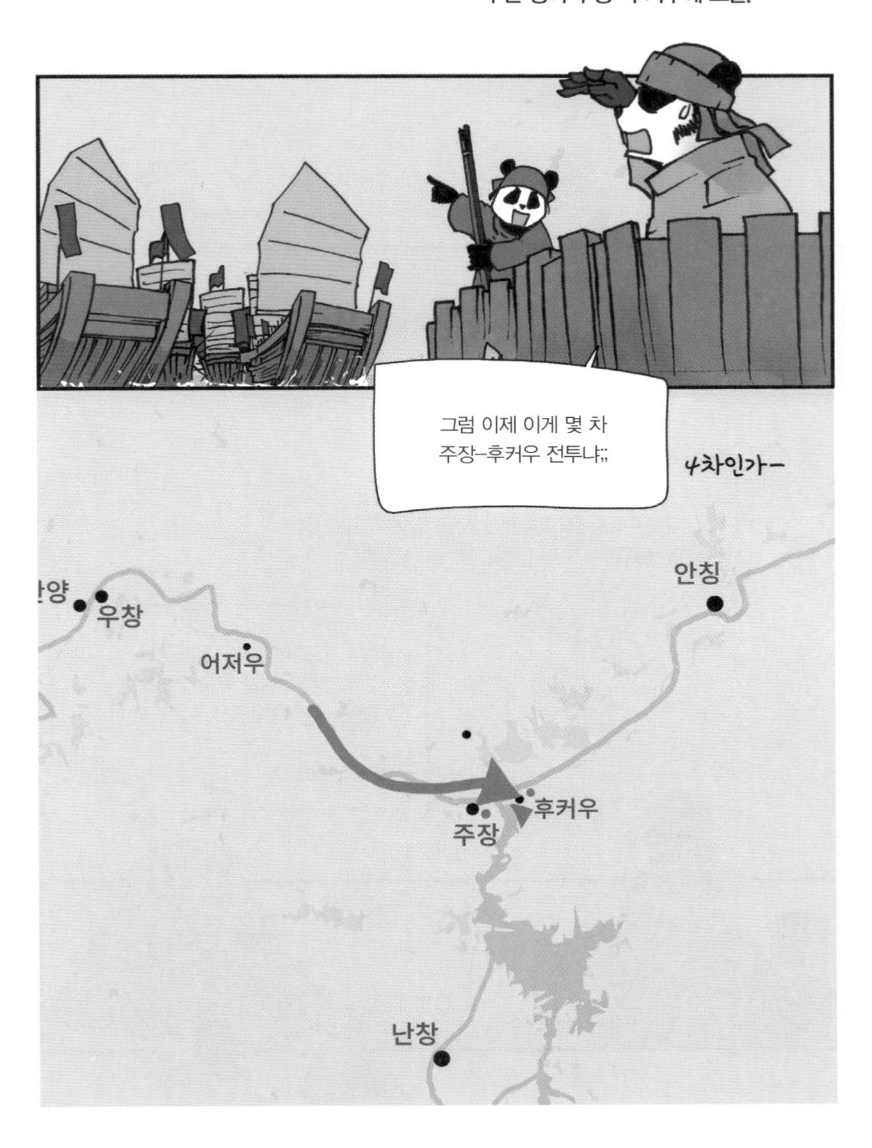
그럼 이제 이게 몇 차
주장-후커우 전투냐;;
4차인가-
우창
어저우
안칭
주장
후커우
난창

임계용은 일단
난징에 헬프 콜.

적 대군 침공!!
여기 무너지면 천경까지
장강 고속도로예요!!!
헐;;

하지만 홍수전은 주장-후커우로 병력을 보내주기는커녕
근처의 병력까지 모두 난징으로 불러들인다.

으어;; 천경이 위험해;;
장강뿐 아니라, 지금 남북으로
강남-강북대영이 다시 개진 중이야;;
다들 이리 와서 천경을 보위하도록!
• • •
미안;

…어쩔 수 없이;;;
결국;;;

임계용은
석달개에게 헬프 콜.
아이고, 보스!!
보스와 제가 피땀으로
지켜냈던 주장-후커우에
적들이 밀려옵니다요!!

• • •

1857년 8월 2일 토요일

임계용

보스께서 난징 나오실 적에
난징의 노모와 어린 자식들 생계 때문에
보스를 따라나서지 못한 게 평생 한입니다.
돌이켜 보니 보스 밑에 있을 때가 진짜
좋았다는 걸 다시금 깨닫게 되었습니다.
그러니 부디…. ㅠㅠ

전송

• • •

1857년 8월 2일 임계용 친구가
차단되었습니다.

확인

제 2 장

삼하대첩

1857년 5월, 석달개가 천경을 떠난 후.
신군부 지도자인 진옥성과 이수성은
1857년과 1858년, 두 차례에 걸쳐
향후 대전략을 논하는 포럼을 개최했습니다.

종양회의
천경사변 이후의 위기
태평천국군이 나아갈 길

천경사변을 틈타, 청 관군은 다시금 난징 근처에 강남-강북대영을 개진하고 있습니다.
양저우
강북대영
난징
강남대영
허페이
창저우
2차 강남-강북대영
항저우
천왕은 저 두 대영 때문에 공포에 떨며 심각한 위기로 여기고 있지만-

사실, 난징이라는 거대 철벽 요새를 묶혀두지 않고
청 관군 수만 병력을 묶어두는 데 사용할 수 있다는 건
위기가 아니라 이득입니다.

얼씨구?

현재 난징의 방어 레벨은
서양식 화포 없이는
무너뜨릴 수도 없으며,

서양식 군함 없이는
난징의 수운을 완전히
봉쇄할 수도 없습니다.

그런 상황에서 청 조정이
장강 전선의 상군이 아니라
강남-강북대영의 관군을 더 중시해
지원 우선순위에 두는 것은
오히려 다행스러운 일입니다.

적 소굴 코앞의
관군 기지가
당연히 더 중요하지!
상군
관군

그럼에도 상군은
장강을 따라 기세등등하게
주장-후커우로 쳐들어왔습니다!
도와주세요!!
…물론 저 주장-후커우 지역은
장강 전선에서 가장 중요한
요충지입니다만-
지금으로선
버릴 수밖에 없습니다.
으에엙?!!
어째서?!?

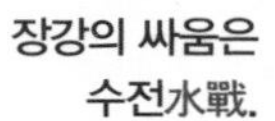

장강의 싸움은
수전水戰.

02권을
참고하시라.

장강에서 싸운다 하면
항상 수백 척의 함대를
동원했습니다.

그리 계속 싸우면서
선박을 손실하다 보니,
태평천국의 수상전력이
완전히 소실된 것입니다.
배 오링이네….

선박 손실은 청군도 마찬가지지만,

배가 아작 나면
또 만들면 되지!

청군 측은 풍부한 자원을 이용해
끊임없이 선박 손실분을
보충하고 있습니다.

장강 상류 삼림 지대의 풍부한 목재들은
뚝딱뚝딱 배로 만들어져
끝없이 장강을 따라 밀고 내려옵니다.
한양
우창
어저우
황메이
주장
창더
하지만 무분별한 벌목은
환경 파괴를 부른다는 걸
잊지 마세요.
난창
창사

I'm on a boat,
I'm on a boat
Everybody look at me♪
Cause I'm sailing on a boat♬

때문에, 현재 태평천국군은
장강에서 수전을
치를 수 없습니다.

아오; 역시 수군은
나라의 근본인 것!

그러니 함대 없이 지킬 수 없는
주장-후커우는 버릴 수밖에 없죠.

장강에서의 수전을 거르고 뭍에서
지상전으로 결전을 치르기 위한
전략을 추진해야 합니다.

마, 나이가 몇인데
물싸움이냐.
육지에서 붙자!

ㅇㅋ

이를 위해 안휘성을 동에서 서로 관통,
호북성까지 겨누는 공격에 집중해야 합니다!

호북성
안휘성
난징
허페이
안칭
어저우
황메이
주장
후커우

그리하여 진옥성-이수성군은
1857년 후반~1858년 중반까지
안휘성 공략에 집중.

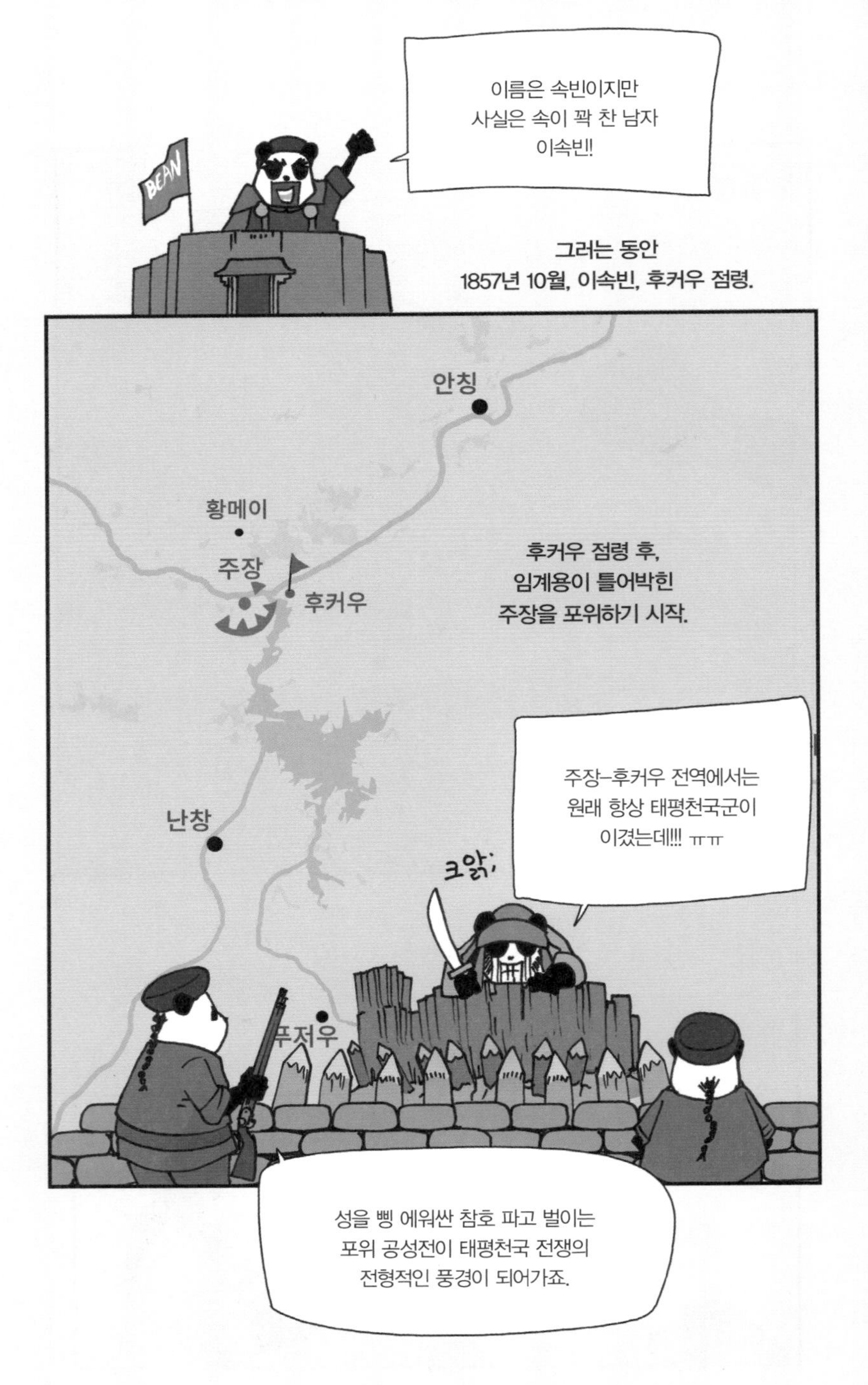
이름은 속빈이지만
사실은 속이 꽉 찬 남자
이속빈!
BEAN
그러는 동안
1857년 10월, 이속빈, 후커우 점령.
안칭
황메이
주장
후커우
후커우 점령 후,
임계용이 틀어박힌
주장을 포위하기 시작.
난창
주장-후커우 전역에서는
원래 항상 태평천국군이
이겼는데!!! ㅠㅠ
크앍;
푸저우
성을 삥 에워싼 참호 파고 벌이는
포위 공성전이 태평천국 전쟁의
전형적인 풍경이 되어가죠.

황메이

주장

후커우

MEANWHILE

강서성 쪽에서는 석달개가
강서성 서쪽 지역으로
나아가기 위해 이동 중.

난창

푸저우

강서성은 원래 나님이 대충
한 번 휩쓸고 지나갔던 곳이라
다시 장악하면 충분히 나님의
본진이 될 만한 땅이지.

하지만 12월, 푸저우 근처
무하 여울목인 삼곡탄에서
증국전의
4천 병력이 강을 막고
석달개군의 도강 저지.
난창
You shall not pass!
아오! 증국전 따위가!!
푸저우
삼곡탄

석달개, 10만 세력이라
하지 않았던가?
그게 4천 병력에 막혀?
아, 그게, 처음에 그리
우루루 따라나왔던
애들 대부분이 다시
난징으로 돌아갔거든요.
보급이랑 월급 안 나오니
돌아갈 수밖에 없죠;;

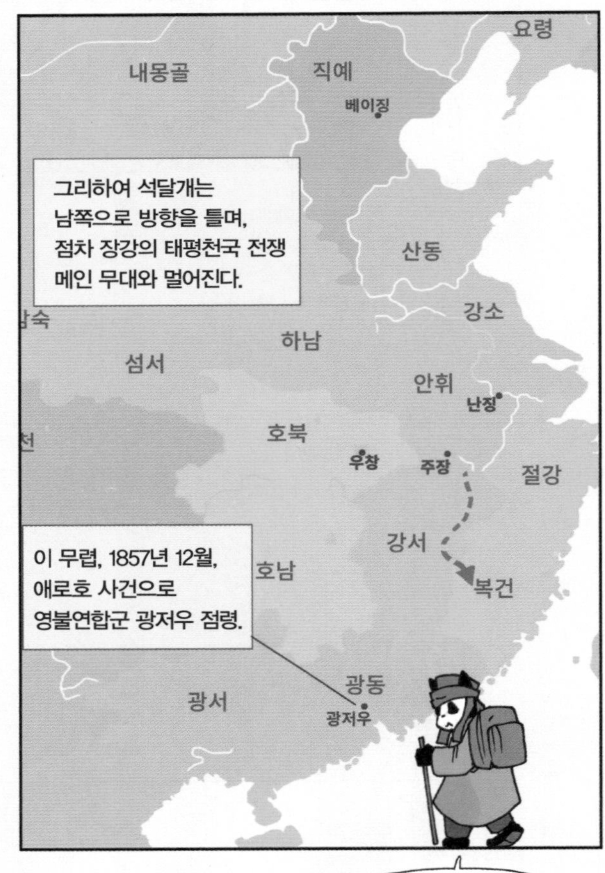
요령
내몽골
직예
베이징
그리하여 석달개는
남쪽으로 방향을 틀며,
점차 장강의 태평천국 전쟁
메인 무대와 멀어진다.
산동
강소
하남
섬서
안휘
난징
호북
우창
주장
절강
강서
이 무렵, 1857년 12월,
애로호 사건으로
영불연합군 광저우 점령.
호남
복건
광동
광저우
광서
광저우가 양놈들에게
점령당했다는데,
남쪽으로 구경가볼까….

1858년 5월,
일곱 달 포위 공격 끝에
주장 함락.

아오, 세상 인심
더럽네 ㅠㅠ

BEAN

임계용 전사.
주장의 2만 군민
깡그리 몰살.

조정은 주장 함락의 공으로 이속빈에게
절강포정사-순무(진)의 벼슬을 수여.
아이고, 석탄이나 팔던
나님도 애국을 열심히 하니
보답이 쩌는구먼요!
포정사 순무

MEANWHILE 푸저우의 증국번 진영에서는-

음… 조정은 이속빈을
새로운 스타로 띄워주나….
형님, 홍장 씨가
왔습니다요.

여섯째 동생
증국화(37세)

아홉째 동생
증국전(34세)

이제 선생님 밑에서 종군하며
미력하나마 도움이 되고자
노력하겠습니다!
이홍장(35세)
1858년 5월,
복건성의 한직에 있던 이홍장,
증국번군 참모로 기용.
한림원 시절부터
증국번이 아끼던 수제자.

그래, 이제 내 밑에서
쑥쑥 크도록!
너같이 똘똘한 놈이 좀
도와줘야 쓰겠다.
원, 선생님 군영에
똘똘한 놈이 부족하지는
않을 것 같은데요.
똘똘한 놈
...

아니, 뭐 과거시험도 통과하고
한림원도 다니시고 그런 양반이
이 전쟁 기간에는 딱히
크게 뭐 한 게 없는 것 같구먼?
시골 마을 두어 개
점령하셨다던가?

아, 좌 선배는
우리 선생님이
죽을 뻔한 위기에는
항상 멀리 안전한
다른 곳에
가 계셨더구먼요?
ㅇㅇ, 느그 선생,
내가 그리 다른 곳에
가서 움직인 덕분에
살아 있는 거임.
키 180cm

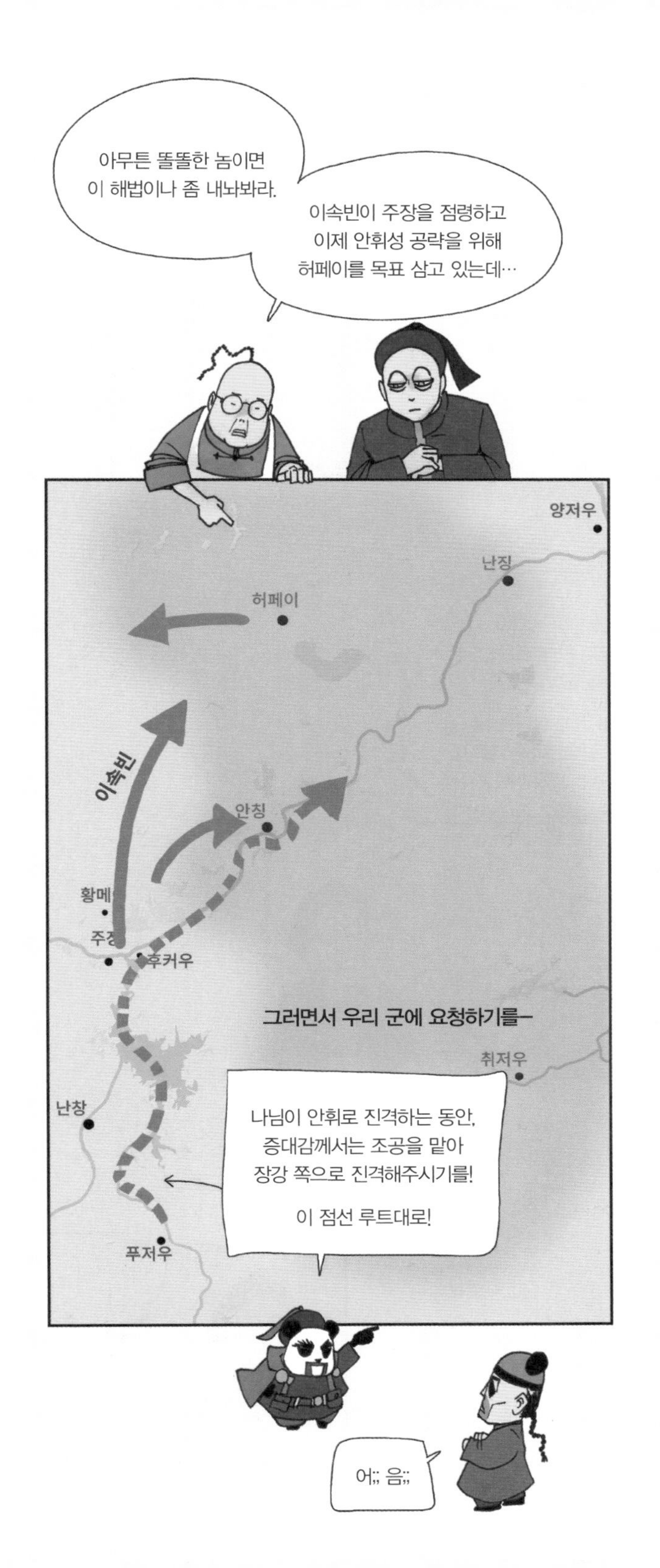

아무튼 똘똘한 놈이면
이 해법이나 좀 내놔봐라.
이속빈이 주장을 점령하고
이제 안휘성 공략을 위해
허페이를 목표 삼고 있는데…
양저우
난징
허페이
이속빈
안칭
후커우
그러면서 우리 군에 요청하기를—
취저우
난창
나님이 안휘로 진격하는 동안,
증대감께서는 조공을 맡아
장강 쪽으로 진격해주시기를!
이 점선 루트대로!
푸저우
어;; 음;;

우리 군 병력과 물자가
없는 건 둘째 치고,

조정에서 이속빈을 띄우려고 판 깔아주는 마당에, 우리 군이 이속빈의 작전에서 서포트를 맡아줘야 할까?
이제는 석탄장수한테도 밀리게 만드려고;;

하지만 조공을 맡아 진격하지 않으면 제대로 싸우지 않는다고 조정에서 꼬투리 잡아 까겠지!
리얼 월드라는 게 한림원 샌님들의 책 속 세상과는 아주 다르지? 이게 필드다, 필드! 이런 현장—
아, 뭐 간단한 계책이 있습니다.
엉?

선생님 동생 분, 증국화 대인을 이속빈군에 참모로 보내면 됩니다.
어?
음?
나?

마침, 증국화 대인은 이속빈 장군과 사돈지간.

사돈 어른! 나님이
참모로 합류하리다!
믿음직하구먼요!
증국번 대감이 확실히
움직이겠군요!

증국번의 동생은 이속빈에게
증국번군이 조공을 맡아 진격할 것이라는
확실한 보증인이 될 것입니다.

(진격 안 할 거지만)

그리고 …아주아주 만약의 경우에는
이쪽의 알리바이가 되어주겠죠.

…하;;
이놈 봐라?

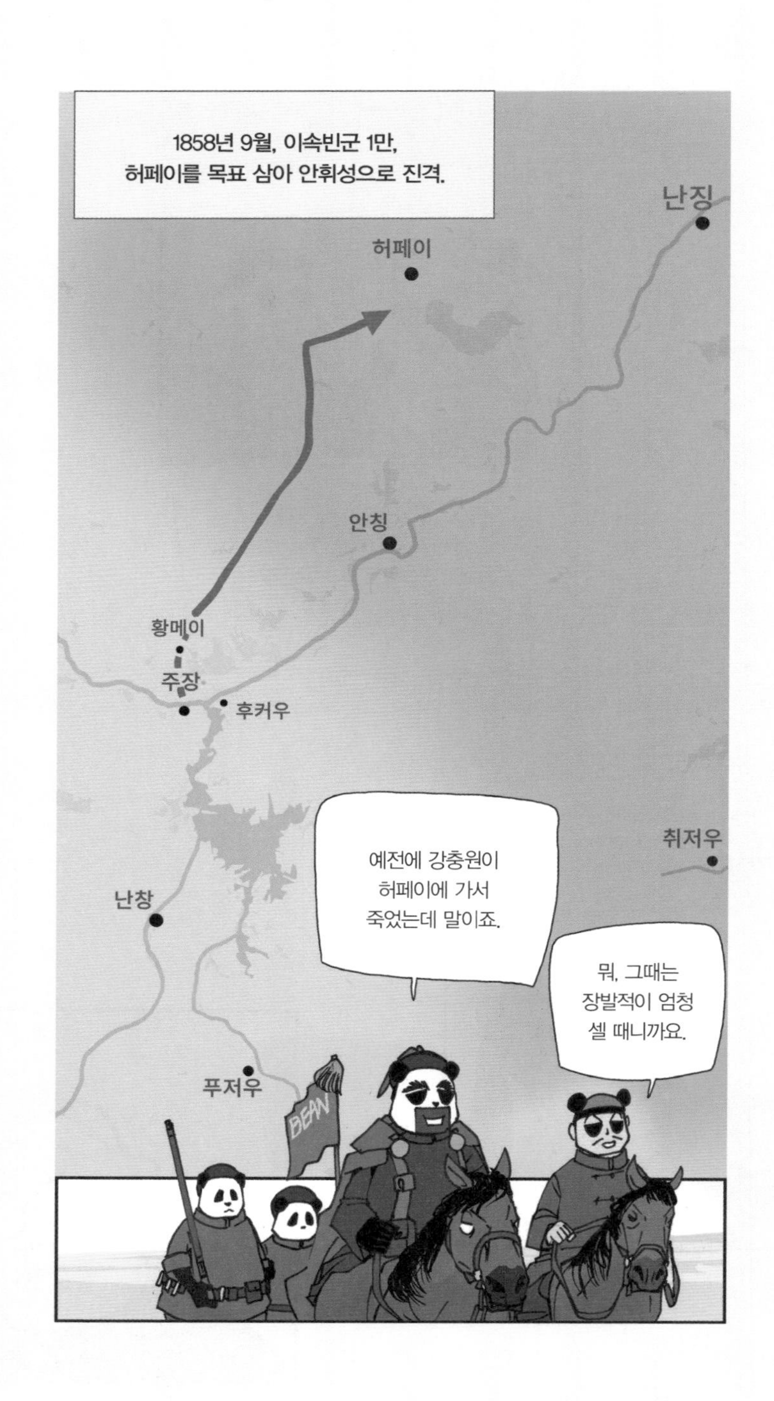
1858년 9월, 이속빈군 1만,
허페이를 목표 삼아 안휘성으로 진격.
난징
허페이
안칭
황메이
주장
후커우
취저우
난창
푸저우
BEAN
예전에 강충원이 허페이에 가서 죽었는데 말이죠.
뭐, 그때는 장발적이 엄청 셀 때니까요.

안휘성의 여러 성을 차례차례 수복하며
허페이를 향해 쾌진격.
이게 바로
전격전이다!!

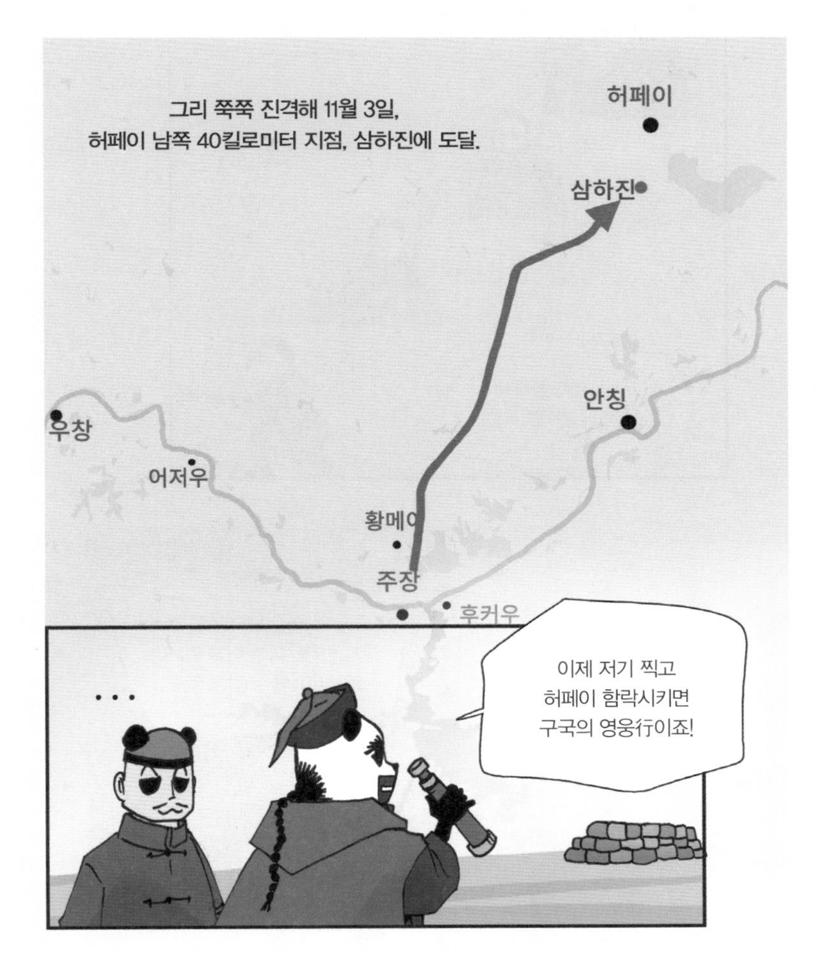
그리 쭉쭉 진격해 11월 3일,
허페이 남쪽 40킬로미터 지점, 삼하진에 도달.
허페이
삼하진
안칭
우창
어저우
황메이
주장
후커우
...
이제 저기 찍고
허페이 함락시키면
구국의 영웅行이죠!

근데 말입니다;
이리 적진 깊숙하게 진격해오면서
장발적 본대를 아직 못 만난 게
좀 마음에 걸리는데요;
어, 음;
그리고 계속 병력 쪼개서
점령지 수비대 배치하고,
안칭 공격에 병력 보내고 하다 보니,
지금 저희 병력이
6천밖에 안 됩니다;;

난징
허페이
삼하진
이 적은 병력으로
적지 한가운데 들어와 있으니;;
불안감이 들 수밖에 없죠;;
안칭
주장
후커우

음;; 그래도 일단 저 삼하진을 점령해야 적이 허페이 방어에 신경 쓸 거고. 그 틈에 퇴각하는 걸로 합시다.
퇴각용 보루- 라는 거군요.

하지만 삼하진의 태평천국군은
11일간 상군 최정예의 공격을 받아내며 버틴다.

크읽! 저 모래 주머니 몇 개 쌓아놓은 토루가 이리 안 떨어지나?!
최대한 버티며 저놈들 잡아놓는 게 우리 임무다!!

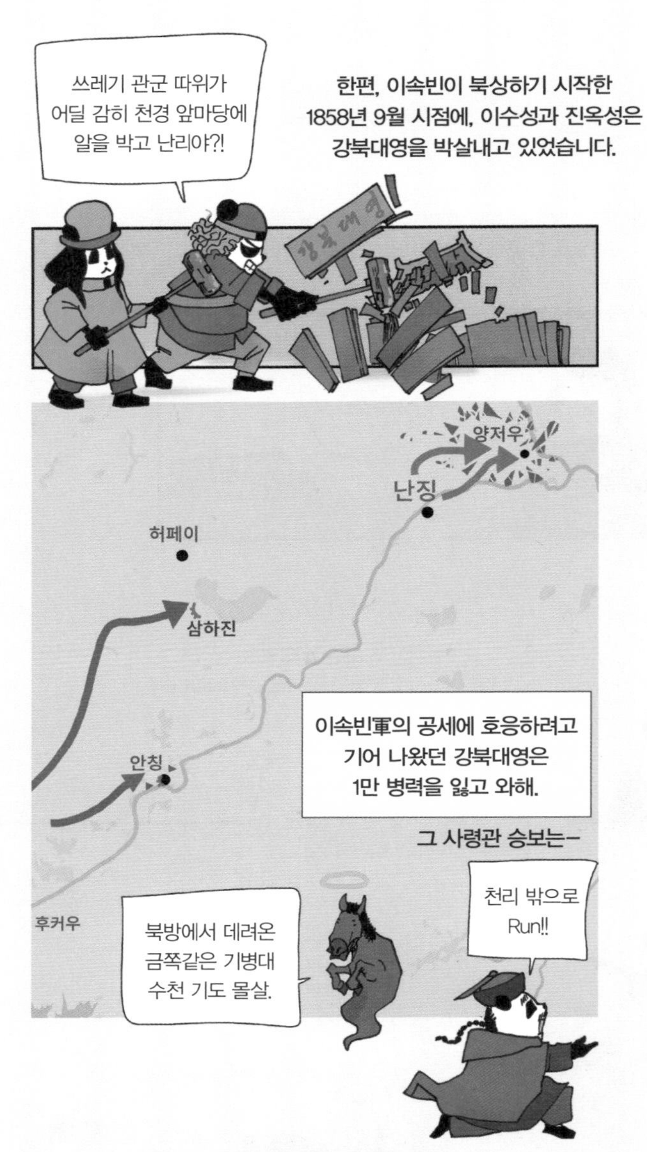
쓰레기 관군 따위가
어딜 감히 천경 앞마당에
알을 박고 난리야?!
한편, 이속빈이 북상하기 시작한
1858년 9월 시점에, 이수성과 진옥성은
강북대영을 박살내고 있었습니다.
강북대영
양저우
난징
허페이
삼하진
안칭
후커우
이속빈軍의 공세에 호응하려고
기어 나왔던 강북대영은
1만 병력을 잃고 와해.
그 사령관 승보는—
천리 밖으로
Run!!
북방에서 데려온
금쪽같은 기병대
수천 기도 몰살.

강남대영에서 건너온
원병 4천도 전멸.
와, 관군 진짜
쓰레기네;;
풍자재는 간신히 살아서 도주.

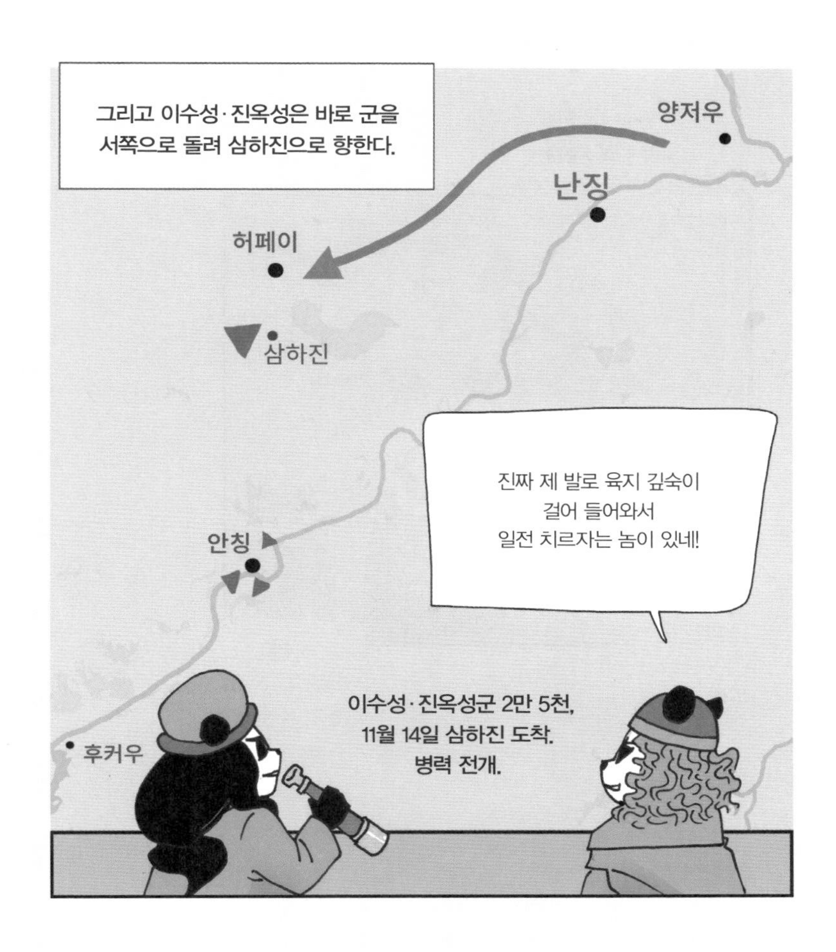
그리고 이수성·진옥성은 바로 군을
서쪽으로 돌려 삼하진으로 향한다.
양저우
난징
허페이
삼하진
진짜 제 발로 육지 깊숙이
걸어 들어와서
일전 치르자는 놈이 있네!
안칭
이수성·진옥성군 2만 5천,
11월 14일 삼하진 도착.
병력 전개.
후커우

이날 하루 만에 이속빈군은
태평천국군 2만 5천에
완전히 포위된다.
어라?

포위망 돌파 시도는
일련의 전투들 끝에 실패.
삼하진
이수성
진옥성
어어어;;
설마???
설마????
어쩐지
이럴 것 같더라;

1858년 11월 15일,
치열한 포위 섬멸전이 온종일 펼쳐지고.
내 사전에
항복은 없다!!
항복 받아주지도
않을 건데….

이속빈·증국화를 포함한
상군 정예 6천,
깡그리 전멸.

…5998, 5999
BEA

그래도 사돈과 제삿날이 같아서
우리 애들이 편하긴 하겠네요.

삼하대첩의 여파로 안휘 방면으로
진출했던 상군 병력 줄줄이 대파. 퇴각.
난징
허페이
안칭
황메이
주장
후커우
안칭 포위도 저절로 풀림.

삼하대첩의 공으로 진옥성은 '영왕'에 봉작.
英王
나는?

청 조정은 멘붕.
강북대영이 소멸하고 상군 최정예가 한번에 녹아내린 이 패전에 조정에서는 크게 당황해하고 있습니다. 양놈들 문제로도 골치 아픈 마당에…

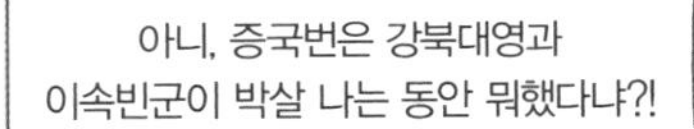
아니, 증국번은 강북대영과 이속빈군이 박살 나는 동안 뭐했다냐?!

장강으로 깊숙히 찔러 들어갔어야 하는 거 아냐?! 왜 안 간 겨?
의뭉스럽기 그지없는 자로다!
절대 명제: 한족 선비는 과학입니다!

조정의 만주 권귀들이 저리 외치며 부들거리는지라 이렇게 해명 말씀 들으러 오게 되었습니다.

아, 그게, 움직이지 못한 사정이― 병력도 물자도 다 부족하고;;
남쪽에서는 석달개가 언제 강서로 건너올 지 모르고;;
홍수로 강 사정도 좋지 않은지라;;

아니, 석달개는 멀리
남쪽으로 내려갔다던데요?
어째서 석달개 핑계를―
원, 그쯤 하시죠.

우리 선생님께서는 이속빈군 전멸로
친동생을 잃으셨단 말입니다!!
크흡;;

동생이 처한 위기를 어찌 선생님께서
가장 구하고 싶지 않으셨겠습니까?!
선생님께선 그 전멸 소식 이후로 이날까지
제대로 음식을 입에 대지
못하고 계십니다!!
아; ㅇ;;
흠;; 흠;
입술을 깨물며 인정을 억누른 결과가
동생의 죽음과 윗분들의 의심이라니,
천하에 이런 억울한 경우가 다 있습니까?!!

아, 물론; 조정에서는
증씨 가문의 나라를 위한 헌신에
언제나 깊은 감사의 뜻을
가지고 있습니다;;
다른 무슨 의심이 있겠습니까;;
흙;;ㅠㅠ

모쪼록 몸조리 잘하시길;
그럼 이만;;
크흐흪ㅠㅠ

...

끄흐얽
허으으유
끆으으

그 무렵 우리는 그가 난세 패도의 지옥 같은 천명을 따르리라 믿어 의심치 않았다.

제 3 장

2차 다구포대 전투

지난 장에 강북대영을
말아먹은 승보.

누군가는
책임을 져야겠죠?
아오; 또
체포당할 수는 없지;;
뭔가 공을 세워야;;

승보는 염군 출신
태평천국 장수들에 대한
매수 귀순 공작 추진.

이에 1859년 2월,
설지원이 푸커우 성을
들어다 바치는 대박 당첨.

돈과 벼슬 받고
새사람 되시게나!
元
양저우
난징
푸커우
강남대영
허페이
창저우
쑤
항저우
난 원래 무신론자였다!
사이비 광신도 님들 ㅂㅂ!

이에 1859년 상반기,
태평천국군은
푸커우 공략에 전념.

증국번은 저 멀리, 상군의 작전 범위 밖
남쪽으로 우회해 서쪽을 향하는
석달개를 예의주시.

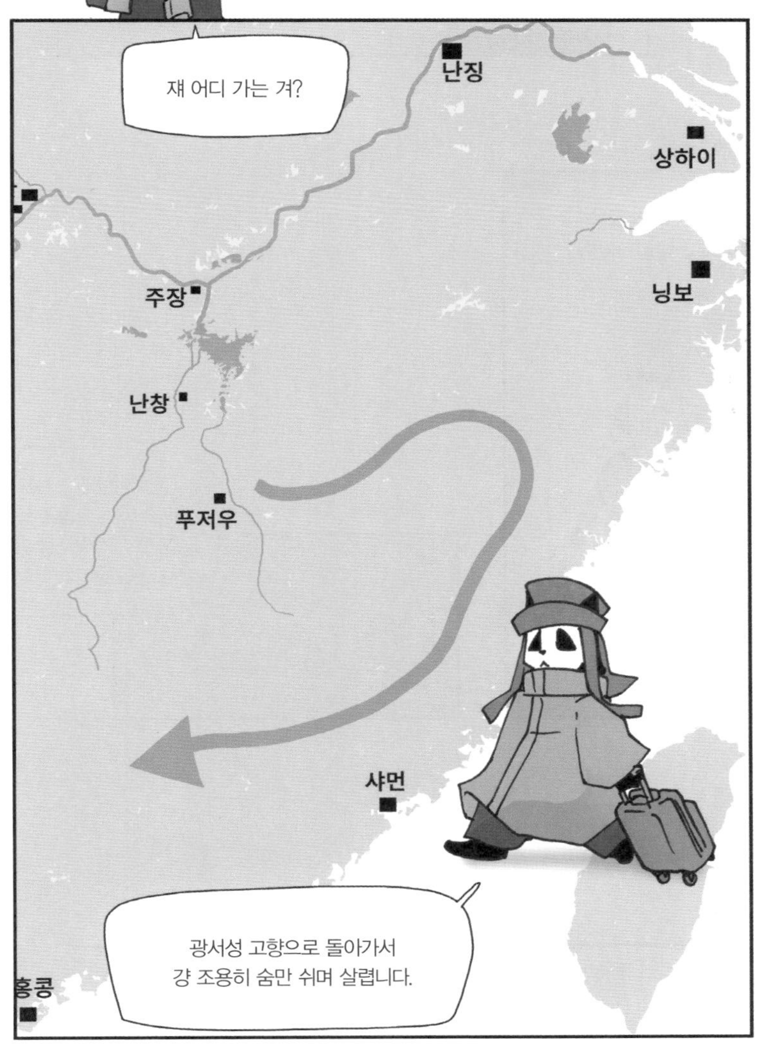
재 어디 가는 겨?
난징
상하이
주장
닝보
난창
푸저우
샤먼
광서성 고향으로 돌아가서
걍 조용히 숨만 쉬며 살렵니다.
홍콩

그러던 1859년 4월,

음? 대보은사탑
어디 갔지?

홍수전의 사촌동생 홍인간.

홍콩 유학 생활을
마치고 난징 귀환!

※ 02권 제6장 참조.

태평천국 초기에 함께
활동하다가, 난징을 향하는 길에
길이 엇갈려 청군을 피해 홍콩에
몸을 숨기고 유학했죠.

롱 타임! 노 씨!!
왜 노씨여,
홍씨지.

홍콩에서
무슨 일이 있었기에
그런 꼴이냐;;

아니, 여기야말로
대체 무슨 일이 있었기에
왕 패밀리 싹 다
전멸이래요?

…그건
02권 제13장 참고.

…쓸 만한 사람은
석달개뿐이었는데
그리 떠나게 냅두다니,
무슨 삘짓이에요;
아, 그래서 돌아와달라고
눈물로 간청하는 편지도 쓰고
무능한 형들 왕 직위도 자르고
그랬는데도 삐져서 더 멀리 감.

그래도 이렇게 젊은 신군부—
진옥성·이수성 두 친구가 있으니
나라는 그럭저럭 굴러가는 듯.
아니, 그런 주먹구구 인사보다
더 근본적인 개혁이 필요함.

태평천국이 나아갈 길!
그것은 **근대화!! 서구화**입니다!!!
어차피 우리 신앙도
서양제 짝퉁이잖슴?!

서양식으로 다 뜯어고쳐!
서세동점! 서양이
대세인 시대입니다!!
WESTERNIZATION

군대도 다 서양식으로 개편!
총검술 연무형 열아홉 개 동작!
전진무의탁!

은행 개설! 지폐 발행!
우체국 개설!
신문사 개설!

서양식
식산흥업!

2차 산업혁명!!

서양과의 무역으로
돈도 벌고 앞선 문물도 도입!

아니, 그걸 근데
뭔 돈으로 한다?

같은 (유사) 기독교인끼리
돈 좀 꿔주시죠~ㅎㅎ

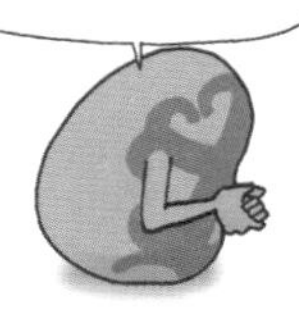

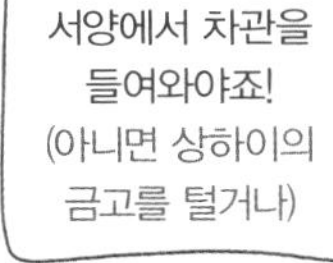

서양에서 차관을
들여와야죠!
(아니면 상하이의
금고를 털거나)

서양 놈들은 일단 돈 꿔주면,
그 돈 떼일까봐 돈 꿔준 놈을
전폭적으로 밀어준다고 합니다!

서양과 손잡을 수만 있다면
청요 따위 뭐가 무섭겠습니까!

주 안에 우린 하나~♬ 모습은 달라도~
예수님 한 분만 바라네~♪

※ 청요淸妖: 청나라 요괴.

BUT

친서양 정책은 태평천국 수뇌부에 받아들여지지 않는다.

양놈들은 믿을 게 못 됨.
백성들이 양놈들 싫어함.
나중에 교과서에 태평천국이 반외세 민족 운동으로 기록되려면 양놈들이랑 손잡으면 안 돼요.

아오, 님들아!! 작년에 청조가 양놈들한테 굴복해서 톈진 조약을 맺었다가 다시 이를 번복하면서 고조되는 위기를 이용해야 한다고요!!!
잉?

문제의 톈진 조약에 아직 황제가 도장을 찍지 않아서 비준이 이뤄지지 않았다고 합니다.

어;; 음;;
베이징에 양놈들 치외법권 공사관을 들이고, 양놈들이 내륙을 맘대로 쏘다니는 꼴 보시렵니까?!
이 굴욕을 안고 열성조를 어찌 뵈오리이까! 도장 찍지 마시옵소서!!

어쩌지;;

뭐, 적당히 시간을 끌죠.

설마 이거 도장 빨리 찍으라고
쳐들어오기야 하겠습니까.

그런데 그것이 실제로 일어났습니다.

아, 진짜!! 이거 조약 1년 안에
비준하기로 약속했잖아!!

빨리 황제 도장 찍어줘!

대륙의 만만디에 대해
배울 필요가 있다해~;;

만만디는 ㅅ#B
내가 만만해서
만만디냐?!

영국은 다시 텐진으로 함대를 보낸다.

베이징
텐진
난징
상하이
항저우
푸저우
광저우
홍콩
아, 진짜 대포 몇 방
갈겨주질 않으면
얘기가 안 통해요!

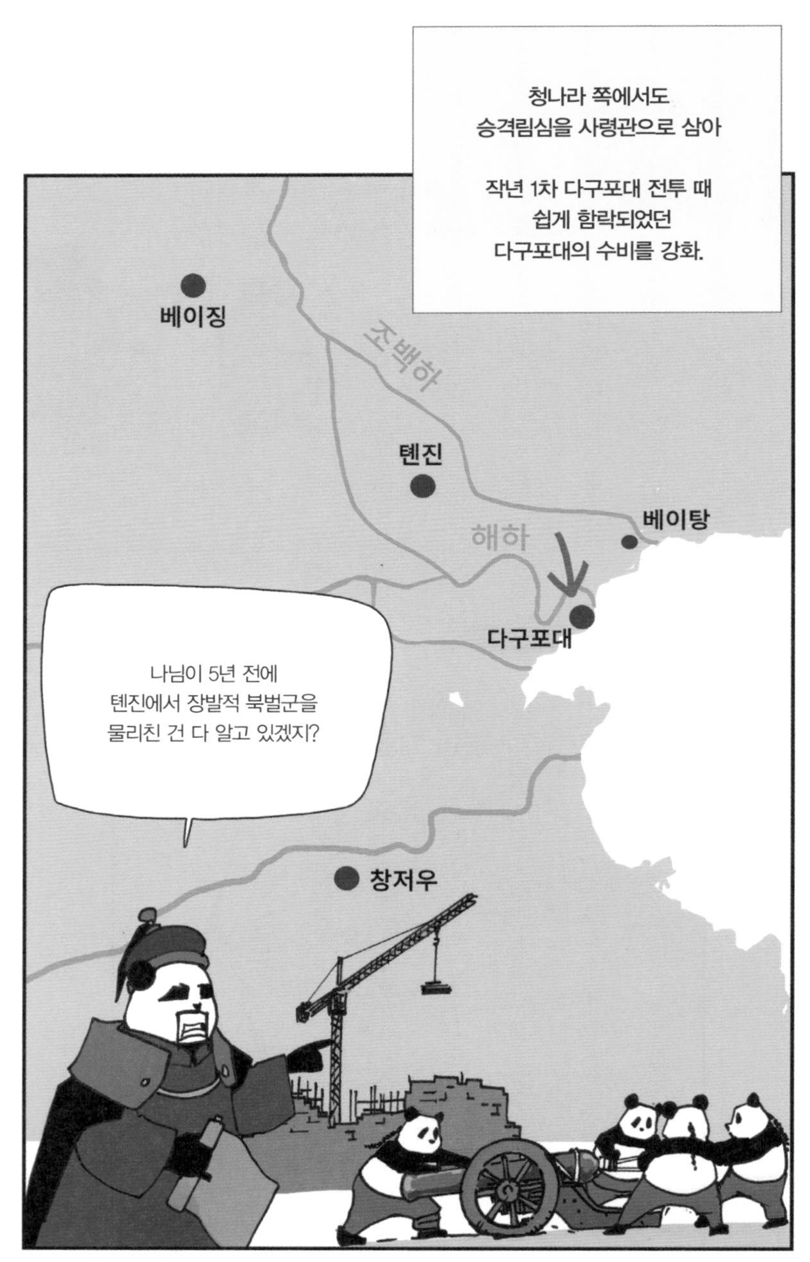
청나라 쪽에서도
승격림심을 사령관으로 삼아

작년 1차 다구포대 전투 때
쉽게 함락되었던
다구포대의 수비를 강화.
베이징
조백하
텐진
베이탕
해하
다구포대
나님이 5년 전에
텐진에서 장발적 북벌군을
물리친 건 다 알고 있겠지?
창저우
승격림심

승격림심은
해하 양안의 다구포대
남북 요새에 화포 60문을 배치.
그중 서양제 강철대포가 23문.

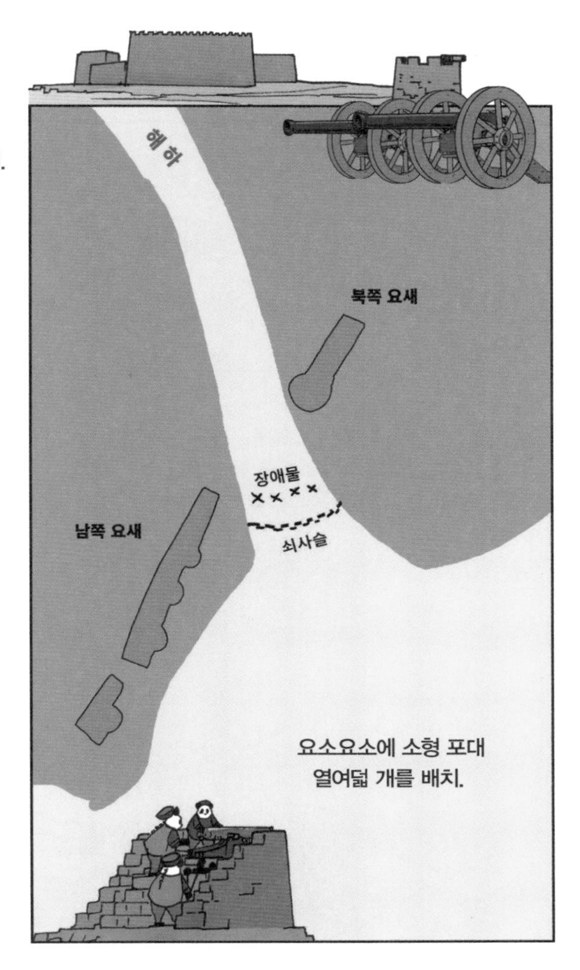
해하
북쪽 요새
장애물
쇠사슬
남쪽 요새
요소요소에 소형 포대
열여덟 개를 배치.

해하 입구에는 각종 장애물과 함께

동양의 수전 병법 필수요소–
쇠사슬도 양안을 가로질러 설치.

자, 이리 빡세게 방비해놓았으니,
양놈들 몰려오면
한따까리 제대로 해보자!

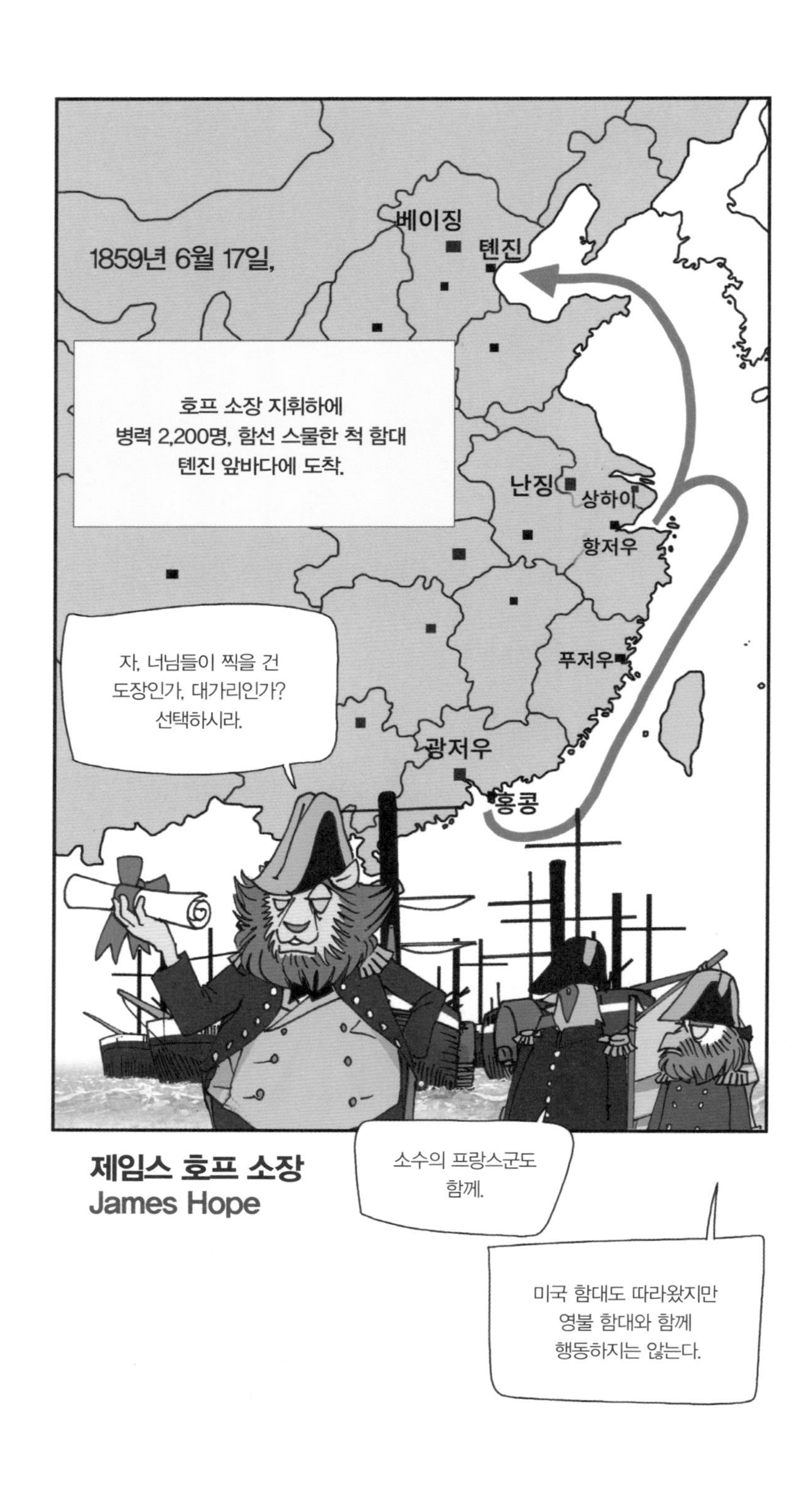
1859년 6월 17일,
호프 소장 지휘하에
병력 2,200명, 함선 스물한 척 함대
톈진 앞바다에 도착.
베이징
톈진
난징
상하이
항저우
푸저우
광저우
홍콩
자, 너님들이 찍을 건
도장인가, 대가리인가?
선택하시라.
제임스 호프 소장
James Hope
소수의 프랑스군도
함께.
미국 함대도 따라왔지만
영불 함대와 함께
행동하지는 않는다.

셰퀴들…
이번에는 다구포대가
그리 만만하지 않을 거다.

하지만 먼저 좋게 좋게
이야기부터 해봅시다.
일단 직예 총독 항복이
협상에 나선다.

얼ㅋㅋ 이름이
'항복' ㅋㅋ
얼ㅋㅋ 밥이
영국 밥ㅋㅋ

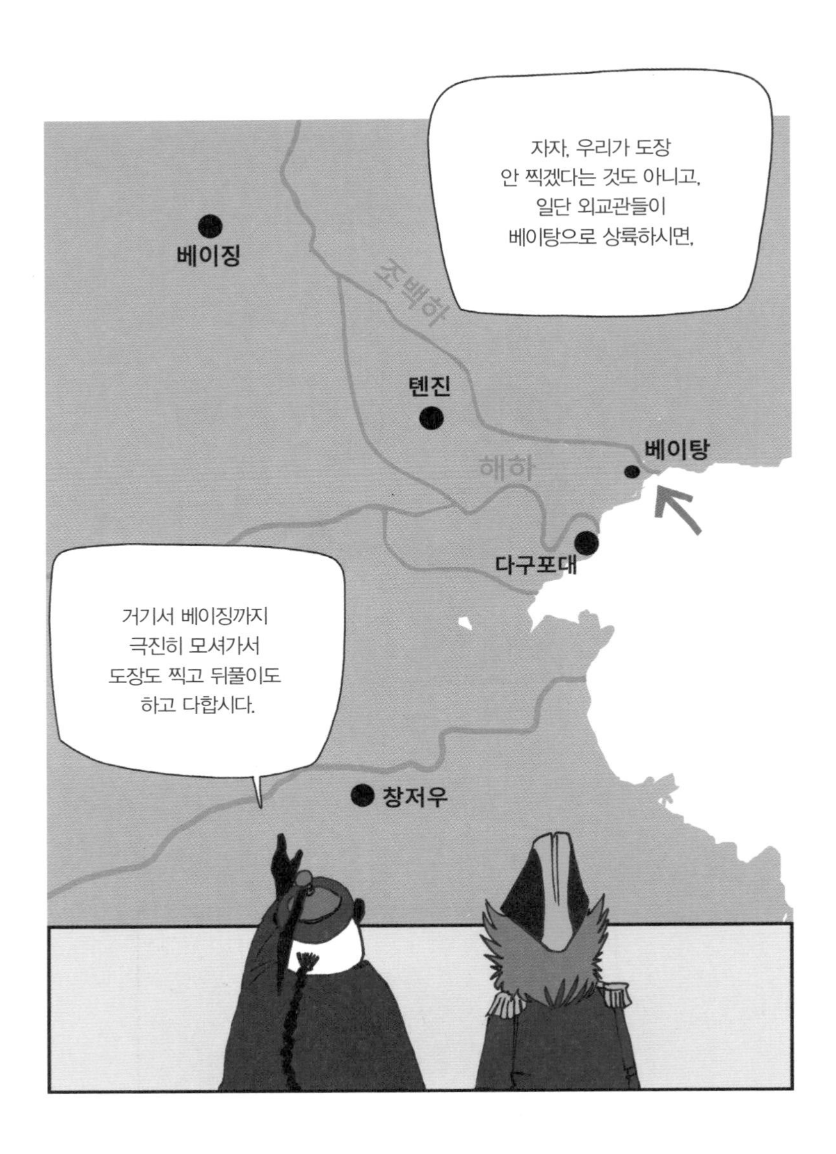
자자, 우리가 도장
안 찍겠다는 것도 아니고,
일단 외교관들이
베이탕으로 상륙하시면,
베이징
조백하
톈진
베이탕
해하
다구포대
거기서 베이징까지
극진히 모셔가서
도장도 찍고 뒤풀이도
하고 다합시다.
창저우

이에 미국 측 사절단은 그 지시를 따라 베이탕에 상륙.

자~ 다하러 갑시다!

BUT

영국 측은~

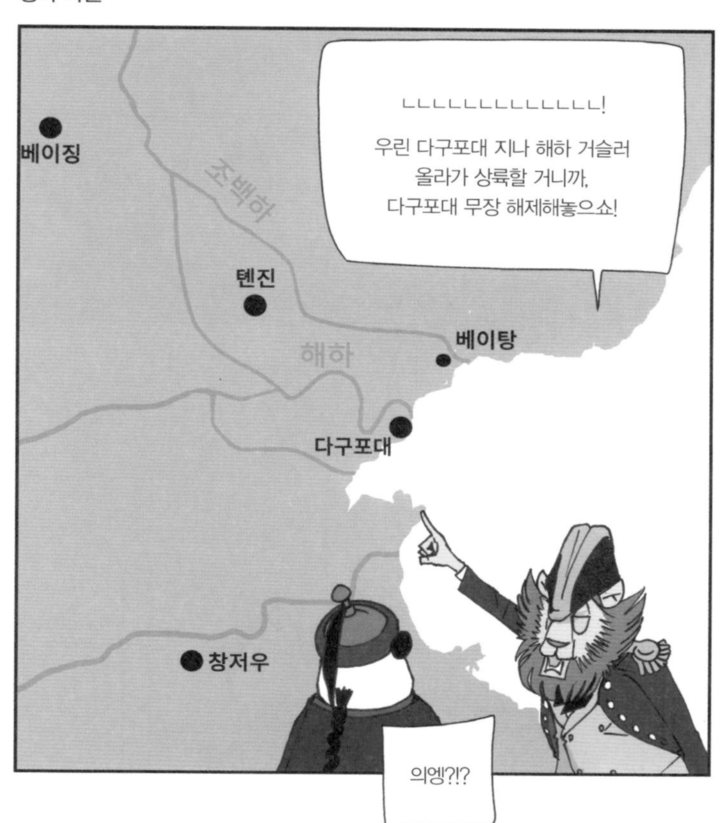
ㄴㄴㄴㄴㄴㄴㄴㄴㄴㄴㄴㄴㄴㄴ!
우린 다구포대 지나 해하 거슬러 올라가 상륙할 거니까, 다구포대 무장 해제해놓으쇼!
베이징
조백하
톈진
해하
베이탕
다구포대
창저우
의엥?!?

아니, 왜 굳이
다구포대 쪽을;;
너님들 못 믿겠어서 그렇슴.
베이징 가서 또 도장 안 찍고
시간 끌려는 수작인지 어케 앎?
다구포대를 무장 해제시켜야
너님들이 확실히 도장 찍어줄 거 같아요.

(그리고 나님 업적 쌓고 인사 평점 따고
승진하고 뭐 그런 부수적인 효과도…)
중국 포대 제압의 공!

우리 군이 그리 쉽게
눈 뜨고 당하지만은
않을 거요!
어, 부디 꼭
Do Something 하시길.
그래야 교전이 좀
그럴싸한 그림이 되지.
SO- 협상 결렬

그리하여
6월 25일 새벽,

열한 척의 증기선이
해하 하구로 진입.
6.25?!

이들 함대에 의해
이날 오전 내내 순조롭게
장애물 철거 작업 진행.
펑

그동안 다구포대의 요새들은
침묵을 지키고.
ㅋ 셰퀴들
쫄았나보네 ㅋ
...

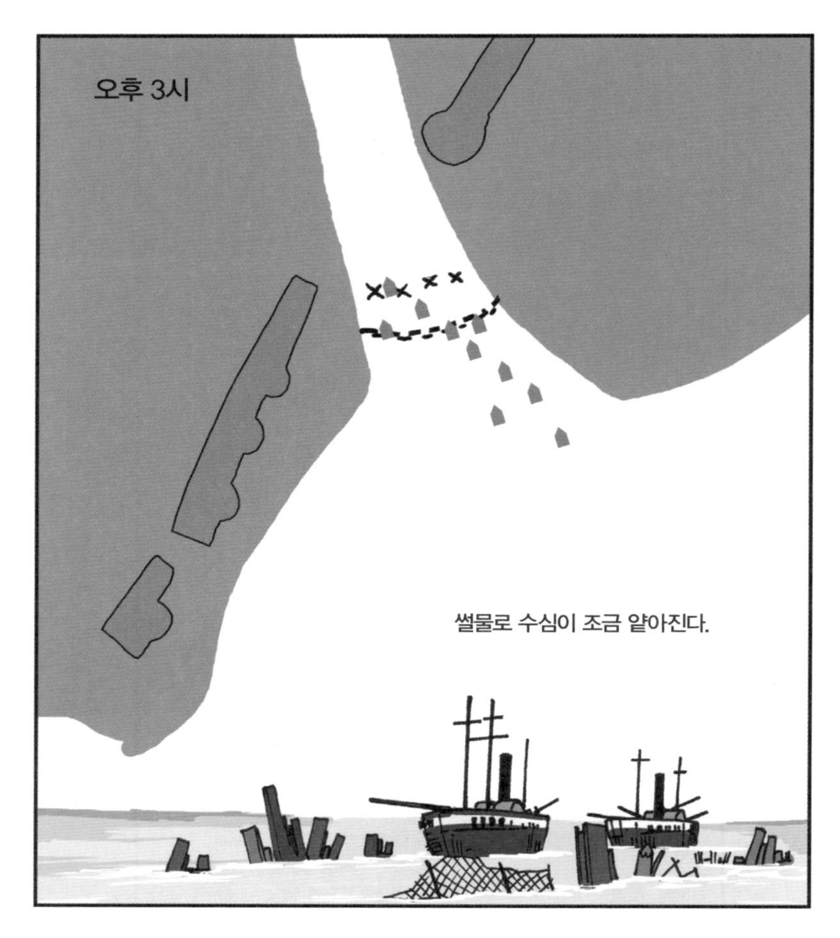
오후 3시
썰물로 수심이 조금 얕아진다.

이제 적 선박 움직임에
제한이 있을 겁니다.
음.

사격 준비.
방열 개시.
사격 준비!!!
방열 개시!!!

꾸물꾸물

꾸물꾸물
음.

두쿵 두쿵
헉?

어; 저쪽 포대에서 포구를 내놓는데요?
어;; 쏘려고 그러나?

사격 개시.
사격 개시!!!

쿠구구궁

초탄에 영국 함대 기함 명중.

쿠쾅
꺄아읶!!

호프 제독 부상.

으얾헗엃억 엃렁;
바, 반격을;;
반격이 아니라 지금
전멸당하게 생겼습니다!!;;

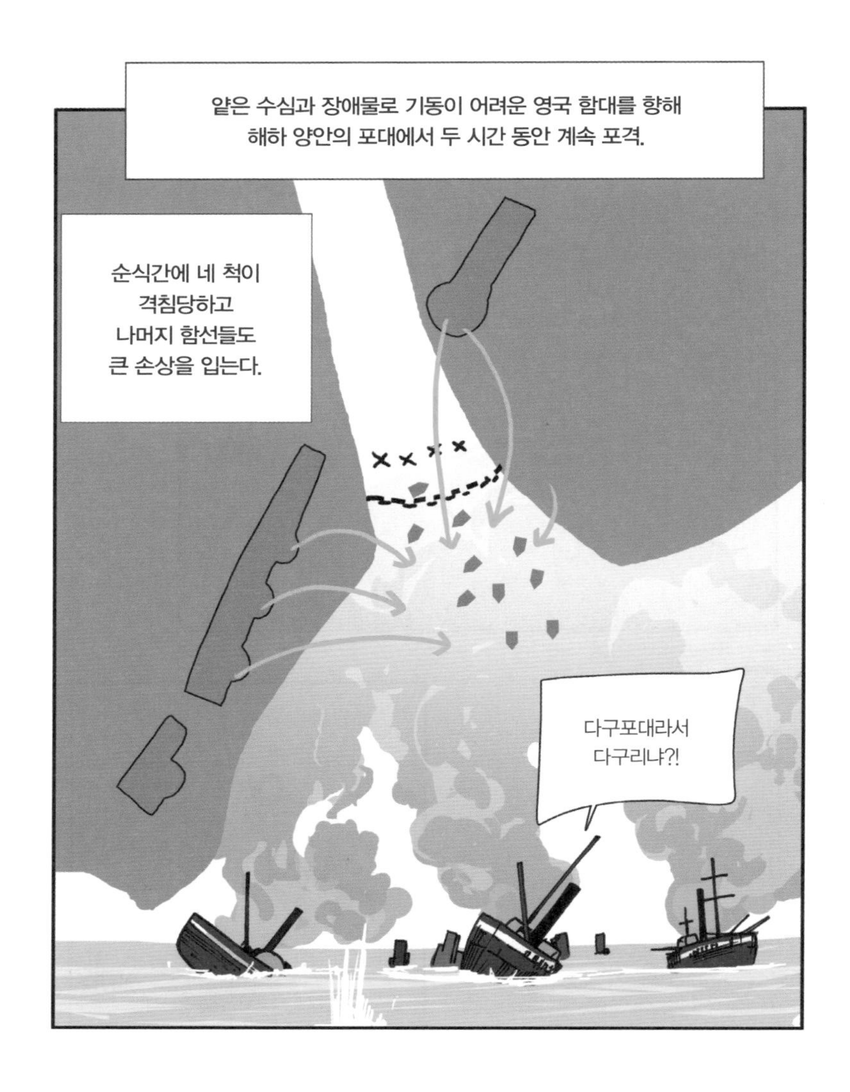
얕은 수심과 장애물로 기동이 어려운 영국 함대를 향해
해하 양안의 포대에서 두 시간 동안 계속 포격.
순식간에 네 척이
격침당하고
나머지 함선들도
큰 손상을 입는다.
다구포대라서
다구리냐?!

영국 함대는
수치스럽게도
백기를 내걸고
해하 하구를 탈출.

백기 걸었으니까
쏘지 마라!!!
항복할 것도 아니면서
뺑끼 쓰고 있네.

이때 옆에서 구경하던 미국 함대가 다구포대를 향해
엄호 사격을 하며 영국 수병들 구난 수용에 나선다.

마! 우리가 남이가!

조사이어 태트널 제독
Josiah Tattnall

태트널 제독이 귀국 후, 중립 방침을 어기고
남의 전투에 개입한 데에 대해 상부의 문책을 받았을 때,

같은 백인이 중국인에게
죽는 꼴을 보고만 있을 수
있겠습니까?!
"피는 물보다 진하다!"
Blood is thicker than water.
-라는 인용구로 해명해
그 문구를 유명하게 만든다.
그리고 곧 남부연합군에
가담합니다.

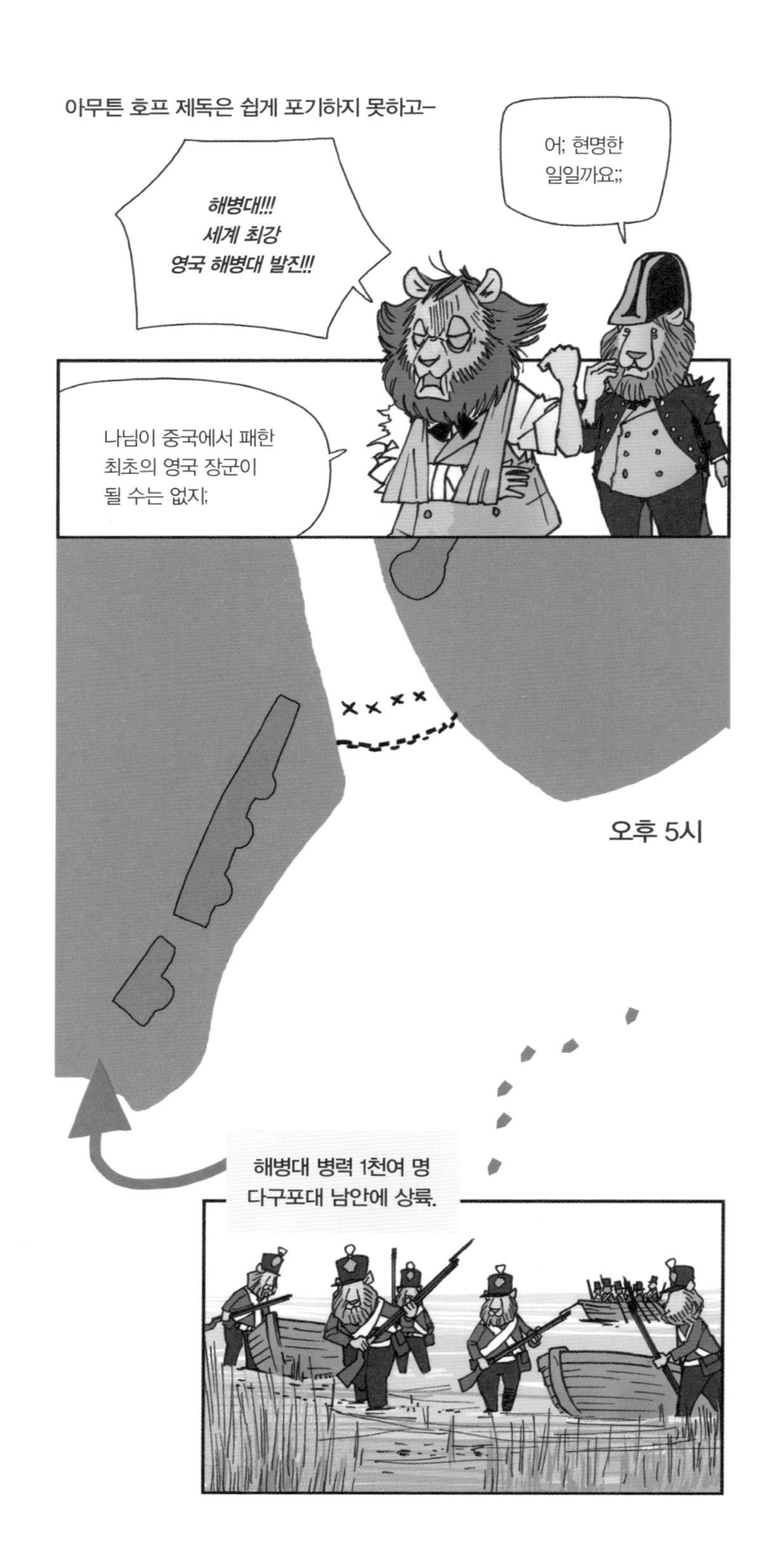

아무튼 호프 제독은 쉽게 포기하지 못하고–
해병대!!! 세계 최강 영국 해병대 발진!!
어; 현명한 일일까요;;
나님이 중국에서 패한 최초의 영국 장군이 될 수는 없지;
오후 5시
해병대 병력 1천여 명 다구포대 남안에 상륙.

아 놔; 황해 바다 특;;

하지만 해하 하구는 진창 뻘밭.

진격을 못 하겠어;

더군다나 다구포대 뒤편에는
만몽팔기 기병 4천 기가 대기 중.

잉글리시 맨!
컴온!

아, 진격 못 한 게
다행이네;;

결국 해병대는 그날,
야음을 틈타 철수.

ㅌㅌ;;

결국 1859년 6월 26일,
호프 함대는 항저우로 철수.

얼ㅋ 이제
희망이 없어 ㅋ
No Hope~!
쿯훼엙;

이렇게
2차 다구포대 전투는
중국의 승리로.

만세!!!
보고 있냐
승보ㅋ
완스이!!!

영국 함선 네 척이 피격침,
여섯 척 중파.

한 척 따라왔던 프랑스 함선은
그 한 척이 피격침.

아 놔;

두 척은 좌초되어 나포당함.

영국군 사상자 426명,
프랑스군 사상자 서른다섯 명,

청군 사상자 서른두 명.

그나마 전사가 여든한 명에 그친 건
미국 함대의 도움 덕분이죠;;

마르크스는 논한다.

영국이 군함을 몰고 중국 영내로 진입, 중국 군사 시설을 파괴한 행위는 국제법상으로도, 톈진 조약상으로도 명백한 불법!

카를 마르크스
《뉴욕 데일리 트리뷴》의 주 런던 칼럼니스트.

"프랑스 공사관을 런던에 열 권리가 있다고 해서
프랑스 공사가 군함을 몰고 템스강을
거슬러 오를 권리가 있는 건 아니잖는가?"

런던 타워 무장 해제하시죠!

그러면 안 되는 건가?!
어; 물론 안 되죠;;

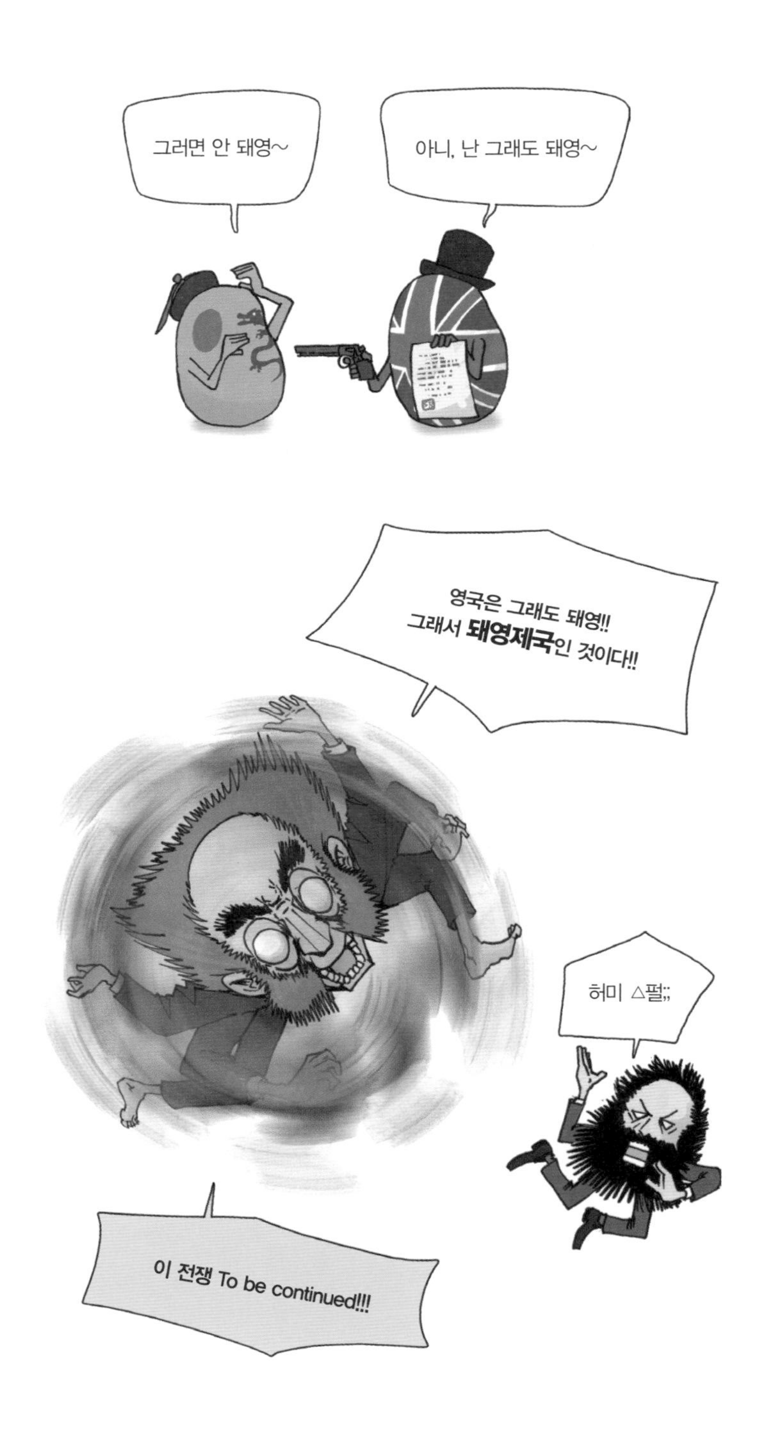
그러면 안 돼영~
아니, 난 그래도 돼영~
영국은 그래도 돼영!!
그래서 돼영제국인 것이다!!
허미 스펄;;
이 전쟁 To be continued!!!

제 4 장

8 mile to Glory

다구포대 전투 패전 소식이 당도한
1859년 9월, 영국.

비겁한 중국 놈들이 우리 사절단의 정당한 진입을 기습 타격! 피해 발생!!!
중국에서 패전이라니; 뭐 어쩌다가 함대를 말아먹은 거냐;

언론과 정계는 다구포대 전투를 비열한 기습이라
호도하며 중국에 대한 응징을 부르짖는다.

패장인
호프 제독에게는—

기습을 당해 부상을 입고도 분투한 공로를 기려 다음 해, 바스 훈장을 수여한다.
조약 비준 거부하고 기습이나 하는 비열한 통수쟁이 중국 놈들에게 정의구현을!!

마침, 1859년은 파머스턴이
자유당을 창당하고
2차 집권을 시작한 해.

자유당 창당!!
이제 영국 정치는 리버럴이 캐리한다!!
LIBERAL
PARTY

휘그당 + 급진파 + 글래드스턴의 필파.

글래드스턴 이 똘똘한 놈.
결국 나님 후계자가
될 재목이었지. ㅋㅋ

글래드스턴은 결국 파머스턴과 손잡고 자유당을 이끌어나간다.

선거권 확대의
대의를 위해….

앨버트 공

저 인간도
입바른 소리 하는 척하다
결국 파머스턴과 손잡네 ㅉㅉ

여왕은 원래 친휘그파였지만 자유당에 대해서는 안티行.

그래도 자유주의는
시대의 대세예요, 달링~

자유당 정권의 준엄한
중국 응징 방침에
당연히 프랑스도 동참.
함 더 가자!
가까!
이번엔 제대로
털어보자!

영국 원정군은 엘긴 백작을 전권 대표로 그랜트 장군이 이끄는 1만 3천 병력.

The Earl of Elgin　James Grant

프랑스 원정군은 그로 남작을 전권 대표로
몽토방 장군이 이끄는 7천 병력.

Charles Montauban Baron Gros

대병력을 머나먼 중국까지 보내는 데는 그만큼 시간이 걸려
1859년 해를 넘기고, 1860년 초에 병력이 남중국해에 집결 시작.

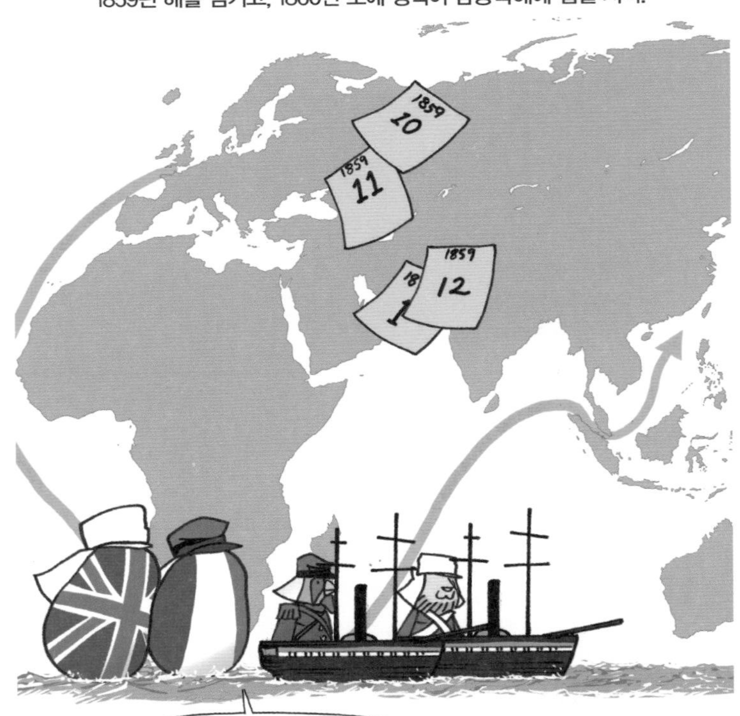
1859 10
1859 11
1859 12
18 1
아, 진짜 빨리
수에즈 운하 뚫어야지,
답답해서 안 되겠어.

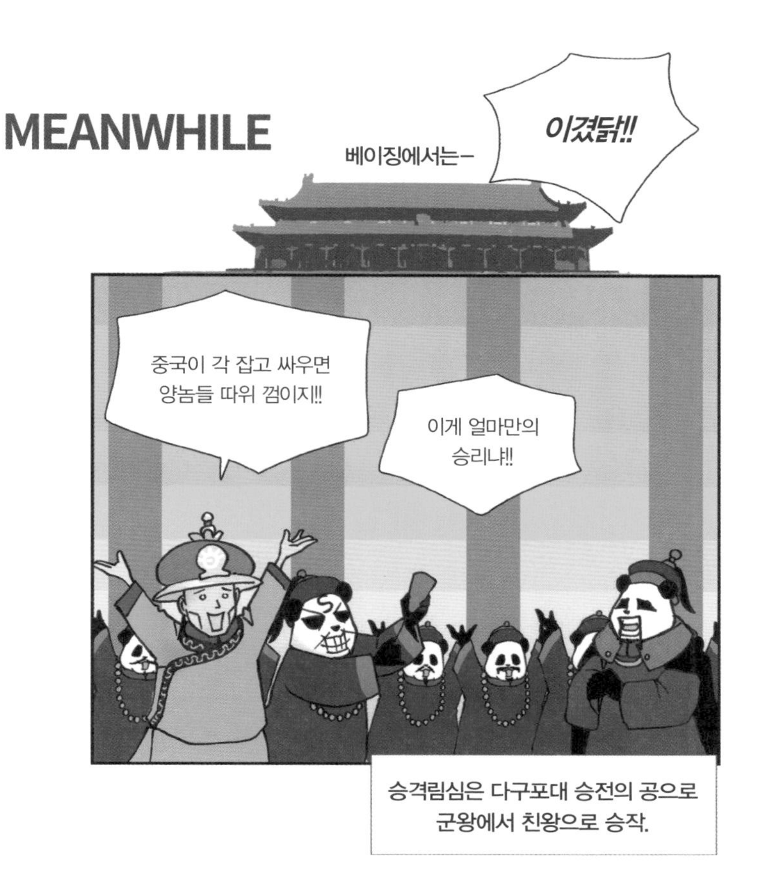
MEANWHILE
베이징에서는—
이겼닭!!
중국이 각 잡고 싸우면
양놈들 따위 껌이지!!
이게 얼마만의
승리냐!!
승격림심은 다구포대 승전의 공으로
군왕에서 친왕으로 승작.

이 와중에 러시아 공사가 아이훈 조약 이행을 요구.

지난번에 맺은 아이훈 조약—
(※ 03권 제4장 참조)
옥새 찍고 땅 빨리 떼주시죠.
잉?

Nikolai Pavlovich Ignatiev
니콜라이 파블로비치프 **이그나티예프**(28세)

하, 너님들도 영국 놈들처럼
줘팸당하고 싶지 않으면
얌전히 꺼져주시죠?
이제 중국은 양놈들한테
뭐 떼주는 조약 같은 거
다 무효로 한다!
이 조약 맺은 담당자
혁산은 귀양 보냈다!
…

영국·러시아·양놈들
다 꺼져라!!
나님은 구국의 명군으로
역사에 남을 것이다!!
중국이 사실은
힘을 숨기고 있었던 거임!
양놈들 본대가
올 텐데;;
하;; 참교육 이후에
다시 찾아뵙겠습니다…

1860년 봄,
남중국해에 집결한
영불연합군이
슬슬 움직이기 시작.
대군이 베이징까지 올라가려면
보급이 중요한데, 보급항들이
제대로 세팅되어 있으려나~
광저우는 아직 영불연합군의
점령 군정하에 있었고,

영불연합군은 보급을 위해 홍콩·광저우 외에도
상하이·샤먼·항저우 등의 항구를 이용.

쿨리(중국인 노동자)들이
일 잘하기로 소문났죠.

중국남동부 해안 지대 지방관들은 영불연합군에 암묵적으로 중립을 약조.

보급항 다 열어드릴 테니까
전쟁은 베이징 쪽에서만 하시죠.
짜장국의
햇반
굿. 역시 남쪽 사람들은
말이 좀 통하는군요.

상군과 태평천국도 영불연합군의 북상을 그냥 소 닭 보듯.

저기 진짜로
닭이 타고 있는 거
같은데?
중국인들은 남 일에 무관심,
개인주의 성향이 점차
짙어지고 있군요.

1860년 4월, 영불함대 발해만 진입.
베이징
퉁저우
톈진
베이탕
다구포대
징하이
창저우
다롄
옌타이
웨이하이
적 함대
173척?!!
근데 저 증기선들은
외륜도 없이
움직이는구먼요?

ㅇㅇ, 이 무렵이면 이미 증기선 추진 방식은
수차 구조에서 배 뒤꽁무니에 다는
스크류 프로펠러로 다 넘어간 시점입니다.
두 방식의 줄다리기 대결이
1845년에 이미 결판났으니.
연비·속도·파워·
공간활용 등등
모든 면에서 우월하죠!
하지만 아직 딱 하나
수차 구조가 유리한 부분이
남아 있긴 하지….

영불함대는 4월부터 6월까지 옌타이 · 다롄 · 징하이를 함락.

베이징
퉁저우
톈진
베이탕
다구포대
징하이
창저우
다롄
옌타이
웨이하이

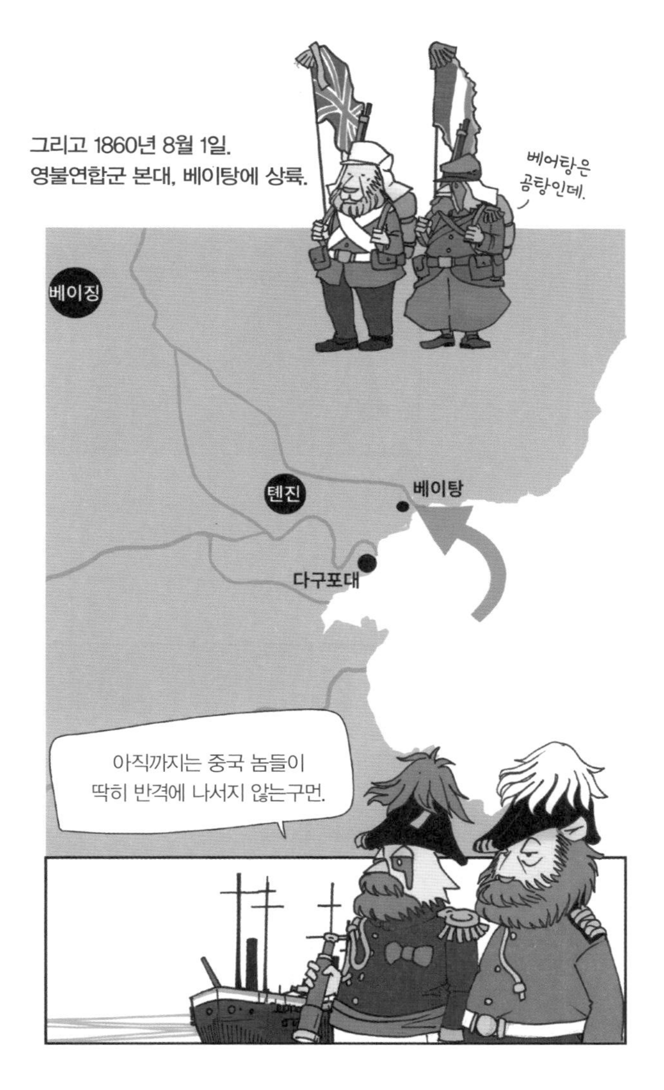
그리고 1860년 8월 1일.
영불연합군 본대, 베이탕에 상륙.
베어탕은 곰탕인데.
베이징
톈진
베이탕
다구포대
아직까지는 중국 놈들이 딱히 반격에 나서지 않는구먼.

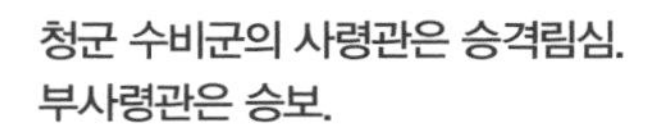
청군 수비군의 사령관은 승격림심.
부사령관은 승보.

반격은, 내륙에서 청나라가 자랑하는
만몽팔기 기병대를 모아 결전!
집결에 시간이
필요한데요;
다구포대가 좀
버텨줄 것이다!

이때 러시아 공사가
베이탕의 영국군 진영을 방문.

헐, 중국에
러시아인이 있네?
너희보다 한 150년은
더 일찍 와 있었다….

이그나티예프는 영국 측에
다구포대를 육지 쪽에서
공격할 수 있는
지점과 루트 정보,
베이징 주변 지도를 제공.

거, 중국 놈들 참교육
잘 좀 부탁드리고,
일 마무리할 때 또 뵙죠.
굿 러시안!
앞으로 친하게
지냅시다요!

※ 광저우 전투의 공으로
기사 작위 받고 온 파크스.

다구포대를 지원하던 청군 기병대는 영불연합군의 포격에 바로 철수하고.

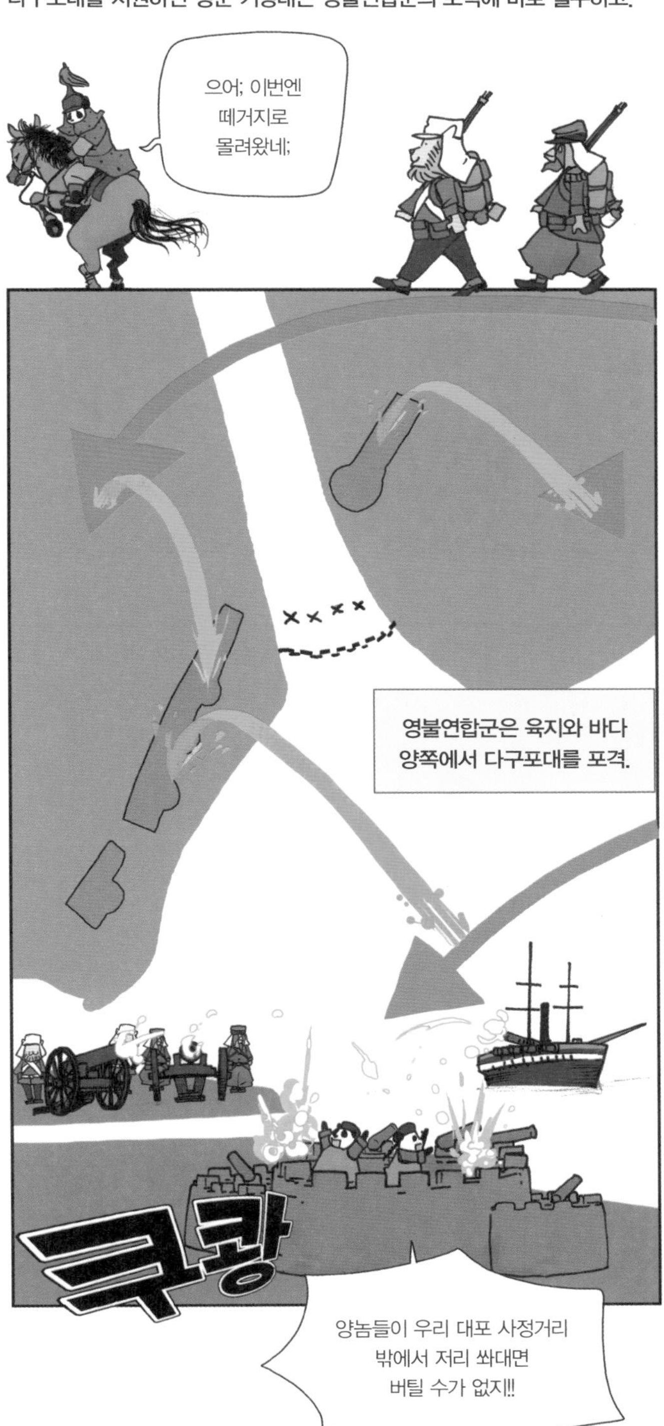

으어; 이번엔
떼거지로
몰려왔네;
영불연합군은 육지와 바다
양쪽에서 다구포대를 포격.
쿠쾅
양놈들이 우리 대포 사정거리
밖에서 저리 쏴대면
버틸 수가 없지!!

다구포대
순삭당했는데요?
사실 별로
기대 안 함.
8월 21일, 다구포대 함락.

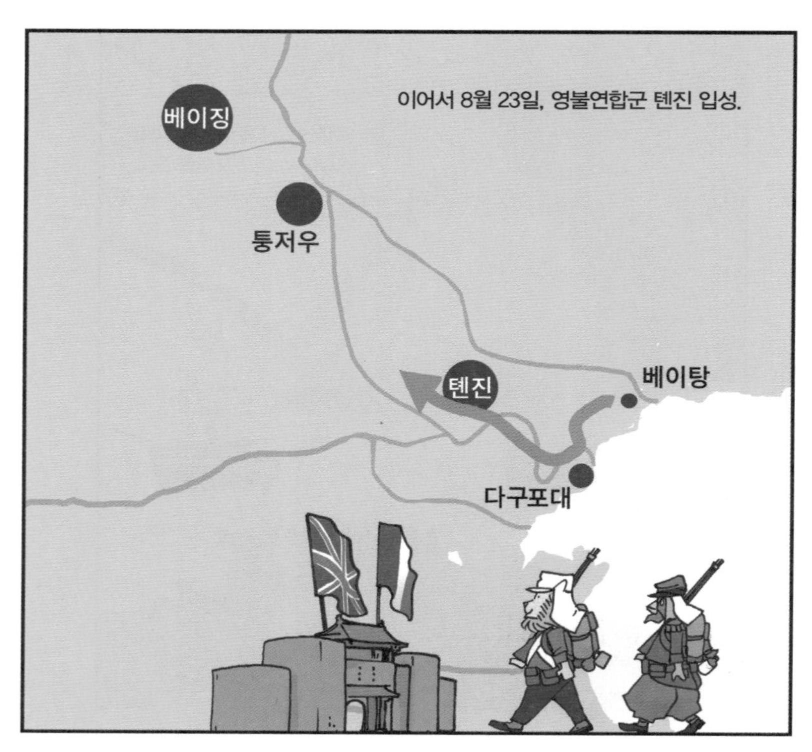
이어서 8월 23일, 영불연합군 텐진 입성.
베이징
통저우
텐진
베이탕
다구포대

직예 총독 항복이
다시 교섭을 위해 등판.

얼ㅋㅋ
이름이 '항복'
ㅋㅋ
그 드립은
이미 짚고 넘어간
부분이고요….

항복이 전권을 위임받지
못했다는 이유로 협상 결렬.

그냥 간단하게 항복할 것이지.
거, 이름값 못 하시네.

9월 18일, 파크스는 퉁저우의
승격림심 군영을 찾아가
직접 담판을 시도.

거 지난번에 운빨로
꽁승 1승 먹었다고
너무 기고만장하지 마시고,
얘기 좀 해봅시다.
PRES

※ 《타임스》 기자도 동행.

문답 무용!
모조리 포박해서
끌고 가라!!
으엙?!
협상하러 온 사람을
잡는 게 중화 5천 년의
예법이오?!
트,
특종이다!;;

파크스 일행 서른아홉 명, 몽땅 체포.

사신을 잡다니,
미친 거 아니심?!!?
고금동서에 이 무슨;;
어차피 중국에
불법침입해 들어온
전범들일 뿐.
인질로 써먹어야지.

파크스가 잡혀간 9월 18일 당일.

이 야만인 놈들!!
나름 문명국 레벨로
놀아줄랬더니
안 되겠구먼!!
베이징
통저우
텐진
다구포대
분노한 영불연합군이
통저우로 진격해옵니다!

기다리고 있었다!
만몽팔기 발진!!!
놈들을 황해 바다로
다 쓸어버려라!!
두두두두두

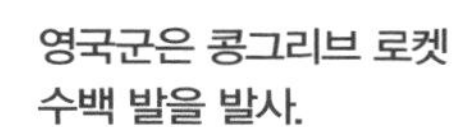
영국군은 콩그리브 로켓
수백 발을 발사.

콩그리브 로켓 발사!
여기서 재고 다 털고 가자.

쿠와아

로켓 광역 메테오에 청군 기병대 모랄빵.

으어허으하으왕왂왂!!

일단 무리하지 말고 후퇴;;

승격림심이 후퇴하면서 퉁저우는
그대로 영불연합군에 함락되고—

베이징
퉁저우
텐진
다구포대
창저우
통저우에서 베이징까지
이제 20몇 km;;;
결전을 치를
마지막 무대가 있지!
팔리교八里橋에서
싸운다!
자금성
베이징
통혜하
팔리교

대운하에서 베이징에 이르는 루트들 중
서쪽길인 통혜하 운하.

베이징 동병문 바로
앞까지 배가 닿죠.
문화재
위에서 전투
벌이지 마라;;

그 통혜하 위에 놓인
팔리교.

15세기, 명나라 때 건설된
석조교로 다리 양측 난간에
서른세 개의 사자상이 걸터앉아 있다.

9월 20일, 청군 약 3만이 팔리교에 수비진을 전개.

승보는
1만~1만 5천 병력으로
팔리교 앞뒤에 포진.
프랑스군 4천이
팔리교를 향해 진격.
승격림심은 기병 1만과
보병 7천으로 남쪽에서
돌격을 준비.
영국군 4천은 남쪽에서 백업.
영불연합군의
총사령관은 몽토방 장군.

9월 21일 새벽, 영불연합군이 팔리교로 진격하면서 팔리교 전투의 막이 오른다.

오전 내내 프랑스군의 포격이
팔리교의 승보군 진지를 타격.
보이지도 않는 데서
포탄이 날아오니
버틸 수가 없다!!
꾸궁
승왕 전하!! 빨리 좀
움직여주세요!!

이에 승격림심은 프랑스군과 영국군 사이의 틈새를 노리고
기병대를 발진시킨다.
돌격!
두두두두두두두
세계사를 몇 번이고 찢어버렸던
만몽팔기 1만 기 Charge!
오늘 최고의 플레이 예약이다!

그리 기병 개돌해올 줄 알았다.
전포 비사격!!

영국군의 신형 후장식 강선포들이 불을 뿜기 시작.
구궁꾸궁

12 pouner Armstrong gun

획기적인 사거리와 명중도의 암스트롱포입니다!

사거리와 정확도뿐 아니라,
포탄도 아주 깜찍하죠!
퐁
○○
빗나갔네.
옛날 분들은 포탄이라고 하면 그냥 쇳덩이가
날아와서 통 튕기는 거라고 생각하시는데—
통
이것도
빗나가네.
이 신형 포탄은—

꾸에엙???!?
폭발합니다!!!
콰
펑
허공에서 폭발해 생긴
그 파편으로 다 쓸어버립니다!
스플뎀
무엇?!!
이런 작렬탄을 유럽인들은
이미 20년 전에 도입.

작렬탄 폭렬탄 유산탄 탄탄면 불벼락에-
1만 만몽팔기는 갈갈이 갈려나가고.

그 폭렬지옥을 뚫고 영국군 진지까지
어찌어찌 도달한 기수 앞에는,
으어으어 으어어엉;

Hermi
S.ㅍ...
라이플과 총검의 철벽—
영국 소총병들의 방진이 뚜둥.

청군의 기병 돌격이 돈좌되고,
영국군이 오히려 서쪽으로 우회 진격,
퇴로 차단 기도가 엿보이자,
승격림심은 군을 후퇴시킨다.
북방 호드 기병의 시대는
이미 예전에 끝났던 건가;

승격림심군의 영불연합군
분할 시도가 실패하자,
프랑스군은 포격과 함께
팔리교로 진격.
팔리 빨리~!

청군은 팔리교에서 필사의 저항전을 펼치지만,

장군! 몸을 피하십시오!
이러다 총에 맞으십니다!!
여기서 총알 한두 발은
맞아야 나중에
체포 안 당한다고!!

에그머니나!
퍽
진짜로 승보 피탄.

정오 무렵,
총상으로 쓰러진
승보와 함께 청군 퇴각.
총 맞아서 다행!
총 맞고도
안 죽어서 다행!

1860년 9월 21일 12시, 프랑스군의 팔리교 점령으로 전투 종료.

팔리교는 이제
파리교다!
VIVE!

청군 사상자는 1,200명이라고도 하고,

1만 명 규모라고도 하고.

영국군: 전사 2, 부상 29.
프랑스군: 전사 3, 부상 18.

이제 팔리교에서 베이징까지 18km.
걸어서 네 시간 거리.
자금성
베이징
팔리교
침략자들의 총구 앞에
베이징의 뱃살이 무력하게 드러나다.

PS.

전후 나폴레옹 3세는 팔리교 전투 승전의 공을 기려
몽토방 장군에게 **'팔리교 백작'** 작위를 수여.

Comte de Palikao

세계 최강
프랑스 육군의
명예를 드높임!
가지가지한다…
이에 더해 포상으로
매년 5만 프랑의 연금을-
아니, 진짜!
그건 좀 아니죠!!

연금 지급은 의회의 반발로 무산.

나랏돈이 뭔
게임머니인 줄
아시나!!
전근대 쪼렙 군대 상대로
양학이나 벌인 게 무슨
대단한 군공이랍니까?!
몽토방 장군의 군재는
딱히 별거 없다고요!

몽토방의 군재는 11년 후의
전쟁에서 제대로 밑천을 드러냅니다.

쳇, 입만 산
국회의원 놈들…
1871

제 5 장

End of 2차 아편 전쟁

팔리교 전투 패배 소식이 전해지자마자,
뜨어어얼!!!

함풍제와 숙순은 여름 별궁이 있는 청더로 피난 결정.
선양
(열하)
청더
진저우
베이징
퉁저우
산해관
텐진
베이탕
다구
다롄
창저우
살짝 늦긴 했지만
여름 피서를 떠날
타이밍인 것 같습니다!

※ 《열하일기》의 그 '열하'.

BUT

폐흐아아아아!!
종묘사직을 버리고
어디로 가신단 말이옵니까!!
가시려면 신들을
밟고 가시옵소서!!
아니, 저; 피난이 아니라
피서라니까 그러네;;
그딴 황당한 변명을 급조한
인간의 목부터 치시옵소서!!

아 놔, 영감 님들아!
좀 역사에서 교훈을
얻어보면 어떨까요?!
조선의 사례를 볼작시면,
거란·일본 등의 침공으로
왕이 수도를 떠나
RUN하곤 했죠!
커맨드 센터
띄운다!
RUN

하지만 그 왕들은 그리 난을 넘긴 후 결국 돌아와 사직을 다시 세우고 중흥을 이루어내지 않았던가!

This is
아리랑 겨레다!
밟아도 뿌리 뻗는
잔디풀처럼~♬
시들어도 다시 피는
무궁화처럼~♪
RUN

하지만 난을 맞아
도망가지 않고 수도에 남았던
중국의 옛 황제들은
어떤 운명을 맞았던가!

북송의 마지막 황제는 포로가 되어 개처럼 끌려갔고,
명의 마지막 황제는 자결할 수밖에 없었죠!

듣기로 영국 놈들은 황제를 잡으면 런던 탑이나 대서양 절해고도에 유폐시킨다고 하고,

프랑스 놈들은 철가면을 씌워 바스티유 감옥에 가둔다고 합니다!

※ 런던 탑: 입장료 25파운드. 바스티유(철거됨).

폐하께서 그런 비참한 지경에 놓이시길 바라는 겁니까?!

폐하께서 파리든 런던이든 어디로 끌려가시든 끝까지 따르겠나이다!
아니, 그런 황당한 두려움 때문에 폐하께서 베이징을 비우실 경우,
양놈들이 베이징에 들어와서 황족 중 아무나 골라 자기네 꼭두각시 황제라도 세우면 어쩌려고 그러심?
PARIS LONDON 1860

말도 안 되는 소리!!
애신각라씨에
침략자의 꼭두각시 황제를 자처할
그런 머저리는 절대 없다!!
거러쵸!

그렇지?
혁흔아~
…예.
형님 폐하.

공친왕 혁흔

**팔리교 전투 다음 날인 1860년 9월 22일,
정국 전권을 공친왕에게 위임하고
함풍제와 측근들, 열하로 몽진.**

나 없는 동안 베이징은
너한테 맡기마!
이 난리를 잘 수습해주길
부탁한다!!
선양
(열하)
청더
베이징
퉁저우
산해관
톈진
베이탕
다구
창저우
옌타이
도련님,
강아지 밥이랑 물은
같이 주지 마세요!
혹여라도 딴마음
품지 마십쇼!
…

…언제나
나라를 이끌어갈
기회를 원해왔지만,
이런 식으로는 좀….
우린 버림받은
건가요?;;
이제 어쩌죠?;;

걱정 마십쇼!!
산서·섬서·하남의
근왕군 10만이 올라오면
양놈들 따위 머릿수로
압살할 수 있습니다!
요령
직예
산서
산동
감숙
강소
하남
섬서
안휘
사천
호북
호남
광서
최정예 중앙군도
개털렸는데, 지방군 녹영
오합지졸 따위 아무리
머릿수가 많아봤자;;
그리고 걔네 집결하는 데
한달 넘게 걸릴 텐데,
그거 기다리다가 자금성
종묘사직 다 잿더미되겠소.

일단 시간을 벌기 위해서라도
양놈들과 대화를 좀 해봅시다;;

Let's have a talk!
Parlors!

BUT

우리 인질
서른아홉 명
다 풀어주기 전에는
어떤 대화도 없다!!

뭐, 어쩔 수 없지.
인질들 다 풀어줘라.
아; 근데
그게 말입니다;;

전투 패배 후,
우리 군의 분노한 장병들이
인질 중 스무 명을
난도질해 살해했습니다만;;
끄앍;;
이 야만인 놈들!!
후환이
두렵잖느냐!!

※ 《타임스》 기자도 살해당함.

으아아아;;
인질 스무 명
죽었다는 걸
저놈들이 알면;;
어쩌지;; 어쩌지;;
뭐하냐?!
인질
안 풀어주냐?!
이거 말로 해선
안 되겠구먼!

이에 프랑스군이 행동에 나선다.
원명원
청의원
덕성문
안정문
서직문
동직문
황성
부성문
자금성
조양문
서편문
천안문
동편문
선무문
정양문
숭원문
광거문
광안문
우안문
영정문
저기가
원명원이다.

베이징 서북쪽 호수 지대에 조성한 황실 정원–삼산오원.
그 으뜸으로, 만원지원이라 불리는 원명원.

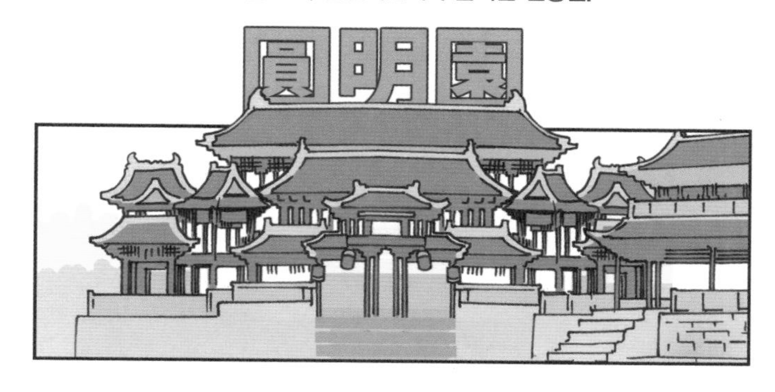
圓明園

18세기, 건륭제가 이탈리아 신부 미술가 카스틸리오네 등을
기용해 건축한 서양루 등 화려한 건축물들 안에는–

한 명 만을 위한 정원이라
One명원일까요?
ㅋ 원명원은 원명 교체기에–
··· 아니다··· 잊어버리셈···

매시간 해당 시간의 동물이
물을 뿜어내는 12간지 분수 시계 등
온갖 진기한 보물들이 가득 차 있었다.

그 원명원에 프랑스군이 난입한 1860년 10월 6일,
원명원 수비대는 전멸하고 내무부 대신 문풍은 자결, 궁인들은 도주.

으아아앍!!
문화와 예술을 사랑하는
프랑스 놈들이다!!!

원명원 대약탈로 프랑스군 장병 4천여 명이
1인당 수천 만원에서 억대의 보물을 챙길 수 있었다고.

더블백! ㅈㄴ 큰
더블백이 필요하다!!

영국군은 다음 날 원명원에 도착.

아니, 세상에!
이 야만 프랑스 놈들이!!

지들끼리만 약탈품
다 처먹으려고
수작을 부리다니!

공정하게 영불 약탈품 분배 위원회를 구성해
약탈품 다 까 내놓고 공동 경매에 붙입시다.
이게 다요?
ㅇㅇ 이게 다임.

※ 물론 다 안 나누고 반 이상 빼돌림.

몽토방 장군은 개인적으로 챙긴
원명원 약탈품들 일부를 귀국 후
나폴레옹 3세에게 진상.

저걸로
백작 작위를
딴 거구먼….
이게 다
made in china
입니다.

그리고 외제니 황후에 의해 그 진상품들로
퐁텐블로궁의 중국관이 조성되어
오늘날에 이르고 있다.

원명원 보물
800여 점을
소장 중이죠.

그 밖에 세계 각지로 흩어진 원명원 보물들은
오늘날에도 심심찮게 경매장에 흘러나와
중국인 부자들의 애국심 계측기行.

혹시
꼬우신가요?

원명원 약탈에 경악한 공친왕은-

으아아앍; 저 중에
내 돌반지도 있는데!!!
자, 다음에는
어디 털어줄까~

결국 생존 인질들
전원 석방.

저기, 가서 말 좀 잘해주세요;
이제 그만 좀 털어달라고;
죽은 분들은 최고급 삼나무 관에
모신다고 전해주시고;;
...

스무 명이
살해당했다고?!!

능지처참
난도질로?!!

헐;

그래도 지금 정권을 잡은 공친왕은
청 조정에서 그나마 말이
좀 통하는 사람입니다만~

이 야만 미개 중국 놈들한테
문명의 쓴맛을 좀 보여줘야겠구먼!!!
베이징을 친다!!

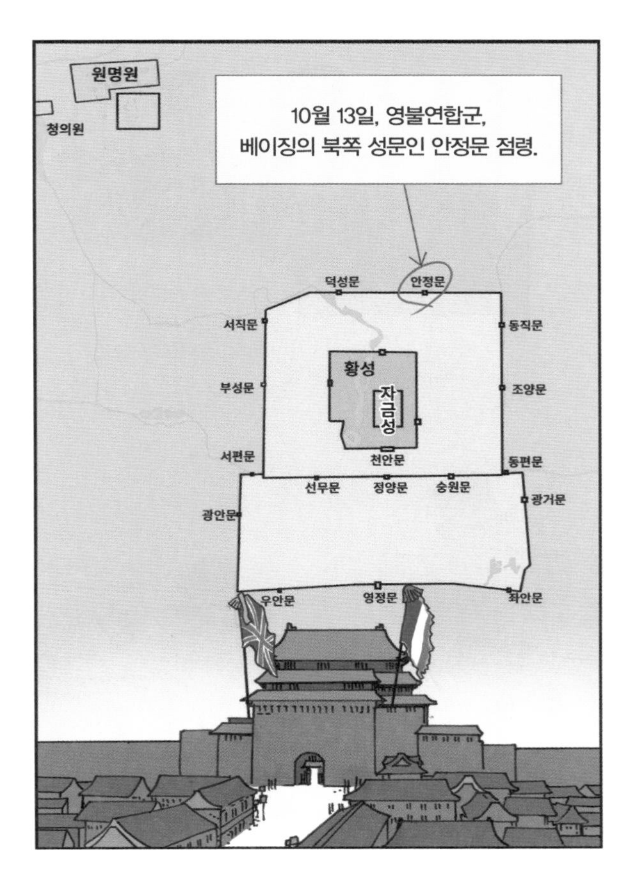

원명원
청의원
10월 13일, 영불연합군,
베이징의 북쪽 성문인 안정문 점령.
덕성문
안정문
서직문
동직문
황성
부성문
조양문
자금성
서편문
천안문
동편문
선무문
정양문
숭원문
광거문
광안문
우안문
영정문
좌안문

베이징 수비를 위해 부내에서 소집한 만주팔기 기인 8만 6천 명은
안정문이 점령당하자 순식간에 흩어져서 사라진다.

총·대포도 없이 민방위 아저씨들을
무슨 고기방패로 내모려는 거냐;
황제도 튀었다는데;
우리도 가족들 챙겨서
얼른 피난 가야지;;

자, 이제 베이징을
불바다로 만들어서
원혼들을 달랠 진혼제를-
아;; 그건 좀;;
교역과 국교 정상화가
목적이지, 청나라 멸망이
목적은 아니잖아요?
ㅇㅇ. 슬슬 전쟁 끝내고
집에 가셔야죠.
나님이 중재해드리리다.

뭐, 그렇다면
베이징은 놔두겠습니다만-
그래도 어딘가에서
인질 살해에 대한
대가는 치러야겠죠.
휙

10월 18일,
인질 살해에 대한 보복으로
영국군은 원명원을 불태운다.

그러고 보니 아버지 엘긴 백작은 그리스 파르테논 신전에서 조각상들 싹쓸이해오고,
아들 엘긴 백작은 원명원을 불태우고….
뭐, 이건 빨리 항복하라는 경고 의미도 되죠.

이 원명원 약탈·방화 소식이 유럽에 전해지자
빅토르 위고 등의 지식인들이 크게 비판.

반달리즘 쩌네!! 두 강도 놈들이 유럽 문명의 이름에 똥칠을 했구나!!

원명원 전소는
청조 지도층에게는 그런
체면 수준의 문제가
아니었으니–

끄아아아아아아아앍……
자, 빨리 협상에 나서시죠. 다음은 자금성이 불탈 겁니다.

원명원을 불태운 양놈들이 이어서 자금성을 불태운다면-

그것은 천하에 청조가 망했다는 소식을 알리는 봉화의 불길이 된다.
황제가 도망가고 자금성이 불타고 있다면, 당연히 왕조가 망한 거지!!
천왕님의 예언이 이루어진 것이다!! 할렐루야!!

온갖 세력들이 청조의 컨트롤을 벗어나 각자도생行.

열하의 함풍제 대경실색.

@#$%@#%#!! 도망 오길 잘했네!!!
이제 자금성이 불타기 전에 얼른 양놈들을 달래야 할 것 같습니다;;
폐하! 근왕군 10만이 베이징 근교에 속속 모여들고 있사온데, 결전을 치뤄보심이-
아니, 그리 뿔뿔이 흩어진 채 기어오는 지방 녹영군은 솔직히 못 믿겠다;;
산서
산동
감숙
섬서
강소
그 오합지졸들로 양놈들 이길 것 같았으면 난징의 장발적은 이미 옛날에 진압했겠다….

결국 함풍제의 무조건 강화 지시로
10월 20일, 공친왕은 이그나티예프의 중재로
영불 전권대표들과 협상에 나서고.

사실, 지난번 톈진 조약의 재확인과 비준 + 알파일 뿐 아니겠습니까?

사흘에 걸친
협상 끝에-

인질 납치·살해의 주범인 승격림심을 영국 측에 넘기시오!
아니, 그런 불가능한 얘기 말고 좀 가능한 얘기들을 좀;;
ㅋㅋ, 걍 돈 더 내주세요, 그럼 ㅎ

귀국이 일방적으로 파기한 아이훈 조약에서 러시아가 받기로 했던 흑룡강 너머의 땅은 물론이고 조약 파기에 대한 사과의 의미로 공동관리 영역인 연해주도 러시아에 넘겨주시는 게 좋지 않겠습니까?
서양에서 그나마 영불에 맞서 각을 세울 수 있는 러시아와 친하게 지내는 편이 나을까요, 아니면 만주에서 러시아와 한판 붙는 게 나을까요?
히이익!
협상 중재가 아니라 협박 중압이군요;;

결국 1860년 10월 24, 25일.
베이징 조약 체결

이로써 4년 전, 애로호 사건으로 촉발된
2차 아편 전쟁 완전 종료.

Hooray!!
VIVE!!
ANGLO-FRENCH의 승리!!
이 전쟁은 영불동맹의 승리로 끝났습니다.
GOD SAVE THE QUEEN! VIVE! L'EMPEREUR!
이겼닭! 오늘 저녁은 피쉬 & 달팽이닭!

베이징 조약은 1858년 톈진 조약의 재확인·비준과 함께—

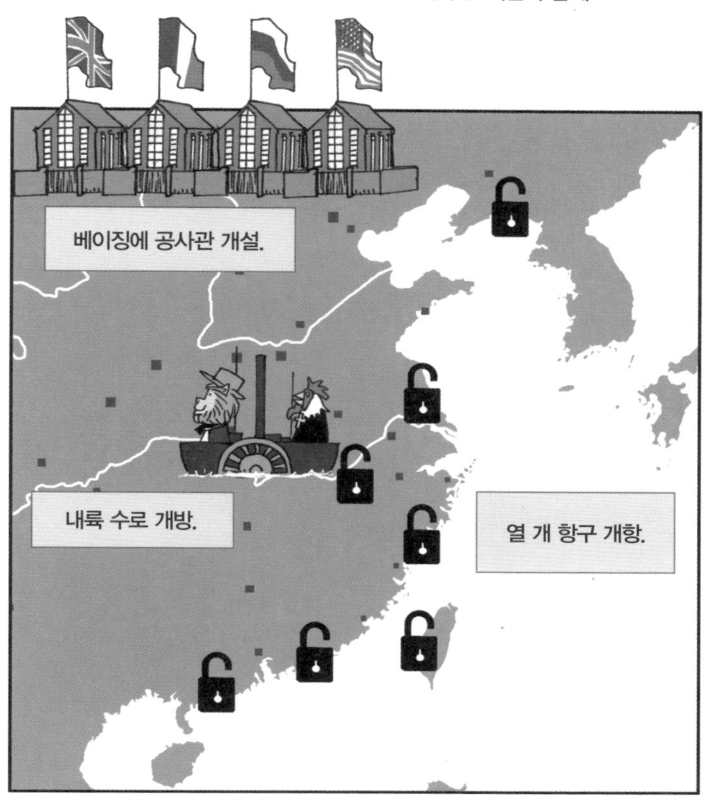
베이징에 공사관 개설.
내륙 수로 개방.
열 개 항구 개항.

베이징 조약에 추가된 사항이 몇 개 있었으니—

톈진 개항.
베이징
퉁저우
톈진
베이탕
다구
징하이
창저우
다롄
옌타이
웨이하이
크앍;;
베이징 앞마당이
뚫리는구나;;

광저우
황포항
홍콩섬의 맞은편, 구룡반도의 일부인
아우찜몽 구역을 영국에 할양.
마카오
홍콩
영국은 내륙에 그리 큰 땅을
바라지 않아요~

사실 이 전쟁의 진짜 승자는
러시아!! ㅇㅈ? ㅇ 하라쇼!

러시아에게는 아이훈 조약에서
넘기기로 했던 흑룡강 너머의 땅뿐 아니라,

바이칼호
흑룡강
원래 주기로
했던 땅
몽골
연해주
우수리강
공동관리하기로 했던
연해주까지 통째로 할양!
베이징
텐진
총 한 방, 동전 한 닢 없이
라인과 다뉴브를 합친 것보다
더 큰 강과 영토를 날름 처묵?!
중국을 너무 압박했더니
러시아 좋은 일만 시켜줬어;;

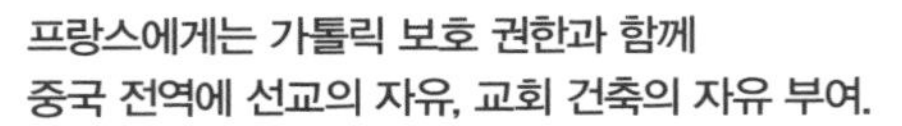

프랑스에게는 가톨릭 보호 권한과 함께
중국 전역에 선교의 자유, 교회 건축의 자유 부여.

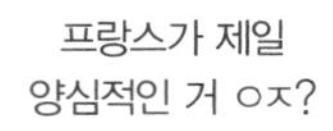
프랑스가 제일
양심적인 거 ㅇㅈ?

그리고 영국과 프랑스에
각종 배상금 명목으로
각각 600만 + 200만 은원씩 배상.

인질 살해 보상금은 유족들에게
별도 지급인 거 알지?
元
元
그래도 1차 아편 전쟁 때보다는
살짝 덜 받아가는구나….

그리고
중국인 노동자들의
해외 이주 허용.

잉?

백성의 출국을 금지하는
해금정책을 폐지하라는 겁니다.

북미의 일부 야만 유사국가를 제외하고는
노예제도가 사라지는 세상인지라,
싸게 부려 먹을 소모성 노동력이 부족한데,

대량으로 싸게 부려 먹을 수 있는
중국 쿨리들이 저리 놀고 있는 꿀을
어찌 더 보고만 있겠습니까.

자! 일자리를 줄 테니
노예처럼 일하러 갑시다!

그렇게 제국이 연기 속에서
천천히 쓰러질 때,

그 민초들은 세상 밖으로 쏟아져나와
새로운 삶과 문화를 일궈나갑니다.

지옥 같은 노예 노동 고생길이지만
차이나타운은 결국
그 가치를 증명할 겁니다!

굽씨의 오만잡상

2차 아편전쟁을 통해 영국이 뜯어간 영토는 홍콩 섬의 맞은편 구룡반도의 일부인 야우찜몽(야우마테이·침사추이·몽콕)뿐이었습니다. 면적으로 따지면 여의도 면적 정도밖에 안 되는 코딱지만한 땅이죠.
이에 반해 러시아는 총 한방 쏘지 않고, 오로지 강화협상 중재의 대가로 흑룡강 너머와 연해주라는 어마어마한 크기의 땅덩어리를 떼어갔습니다. 한반도 전체 면적의 세 배가 넘는 땅덩어리를 세치 혀로 얻어낸 주인공은 스물아홉의 젊은 외교관 니콜라이 파블로비치 이그나티예프. 그는 20대에 이미 런던에서의 스파이 활동, 중앙아시아에서의 모험 활극을 찍고 베이징에 온 야심만만한 청년이었습니다. 흑룡강 너머와 연해주는 주민 이주가 제한된 봉금지로 그 땅을 영토로 존속시킬 만한 백성이 별로 존재하지 않았고 그 땅들에 대한 청조의 수호 의지 또한 빈약했습니다. 그 사실을 꿰뚫어본 이그나티예프는 러시아가 만주에 대규모 병력을 전개시킬 능력이 없었음에도 적당한 허풍과 공갈, 교묘한 설득으로 저 거대한 땅덩어리들을 후려낼 수 있었던 것입니다. 그리하여 두만강까지 확장된 러시아의 강역은 이후 두고두고 극동 지역에서의 세력 판도에 무시무시한 존재감을 과시하는 상수로 자리 잡습니다.

러시아의 이러한 성공에 대해 영국에서는 재주는 사자가 부리고 땅은 곰이 차지했다는 비판 여론이 비등, 이후 극동에서의 러시아 세력 확장에 신경을 곤두세우고 그 견제책을 마련하기 위해 고심합니다.

하지만 극동에서의 로또에 우쭐한 러시아가 6년 후 알래스카를 미국에 팔아치우는 결정을 내리고, 이후 150년이 지난 오늘날까지 두고두고 후회하게 되었으니 역사의 저울은 참으로 재미있는 평형감각을 지닌 것 같습니다.

이그나티예프는 이후 내무부 장관까지 승진했지만 악명 높은 유대인 차별법을 추진해 그 명성에 오점을 남겼습니다. 혁명기에 그 후손들은 캐나다로 이주했고 이그나티예프의 증손자인 마이클 이그나티예프는 집안 전통대로 정치인의 길을 걸으며 캐나다 자유당 당수까지 올라갔죠. 하지만 2011년 총선에서 자유당은 역사상 최악의 참패를 겪었고 마이클은 총리 자리에 오르지 못해 증조할아버지를 능가하는 역사적인 인물이 되는 데는 실패합니다.

Nikolay Pavlovich Ignatyev 1832~1908

제 6 장

1850년대 연대기

1851년

조선 철종 2년

9월, 철종, 안동 김씨 김문근의 딸과 국혼.

철인왕후 김씨
철인?;; Iron queen?
金
이 외척 권세家 안동 김씨는 사실 안동 김씨의 여러 지파 중에서 서울 지역의 장동 김씨 지파를 뜻하죠.

중국에서는 1월, 태평천국, 금전촌에서 봉기.
PEACE

영국에서는
5월, 런던 엑스포 개최.

LONDON EXPO
1851
비키네 만박!

이 런던 엑스포에 상하이 상인 서영촌이
중국제 비단을 출품해 금상을 수상.

다다음 세기에 상하이 엑스포에도 놀러오세요~

1852년

1월, 철종 친정 시작.

원, 저희가 하나하나 세심하게 도와드릴 테니 염려 마시옵소서~

적당히들 살살 해 처먹어라….

프랑스에서는 루이 나폴레옹, 작년의 친위 쿠데타에 이어 11월, 국민 투표로 황제에 즉위.

비브! 렁피르!! Vive L'Empereur

역사는 반복된다. 한 번은 비극으로. 한 번은 희극으로.

카를 마르크스

9월 8일, 흥선군 이하응의 둘째 아들

이명복 출생.
李命福

11월 3일, 고메이 천황의 둘째 아들

무쓰히토 출생.
睦仁

미국에서는 일라이샤 오티스,
안전 엘리베이터 발명.

이전에도 엘리베이터는 있었지만,
줄 끊어질까봐 무서워들 해서
널리 이용되지 못했습죠.

스프링

이 안전 엘리베이터의
발명으로 비로소 엘리베이터가
널리 사용되기 시작하죠.
덜컹
팅
오티스의 엘리베이터 회사는
21세기 오늘날까지 성업 中.

1853년

10월, 구월산 패당의 역모 적발.

풍수·관상쟁이
김수정
차력사
최봉근
하급 군관
홍영근
풍수를 딱 보니까
조선은 이제
끝물이더라고요.

흑해에서는 10월,
크림 전쟁 발발.

다구리
쩌네!!

중국에서는 3월, 태평천국군, 난징 입성.

이제부터는
난징이 아니라 천경이다!
Capital of Heaven!
太平天王

이어서 12월, 태평천국군 북벌 실패.

일본에서는 7월, 美 페리 함대,
에도만 진입. 대통령 친서 전달.

흑흑
흑선은 흑흑 하고
씁니다.

미국에서는 리바이 스트라우스가
리바이스社 설립.

Levi's

그러면 청바지 입은 태평천국군이나
청바지 입은 유신지사도 고증상
불가능하지 않은 것?!

청바지 상품화는
좀더 기다려야 한다고!

독일에서는 클라우지우스, 열역학 제2 법칙 확립.

폐쇄계의
엔트로피는 증가할 뿐,
결코 감소하지 않습니다.

그렇다면 폐쇄계인 조선은
결국 열평형 종말을 맞이할
운명이란 말인가;;

1854년

4월,
영국 함대를 피해
북상하던
푸차틴 함대,
거문도 방문.

조선의 정과 함께
따뜻한 차 한잔~!

5월,
푸차틴 함대의 일부 함선
함경도 영흥만에 출현.
포격으로 어민 두 명 살상.

쾅
거문도에서는 다과회고
함경도에서는 포격이냐?!

중국 다녀온 사신단,
태평천국 상황 보고.

근간 중국 도처에 들끓는 도적떼 중, 난징까지 함락시킨 광서 장발적이 제일 흉악해서 톈진까지 올라오기도 했는데 청 관군이 크게 이겨서 곧 진압된다고 합니다.

관제묘 근처에서 관우의 신령이 신병을 이끌고 관군을 도와 장발적을 물리치는 광경도 목격되었답니다. (※ 실제로 한 말)

일본에서는 3월, 미·일 화친 조약 체결.

프랑스에서는 장 베르나르 L 푸코, 피조·푸코 장치로 광속 측정.

측정치의 오차는
5퍼센트뿐!
과학자의 손은
빛보다 빠르다!!
와다다다다다다

& 물에서 측정한 값으로 빛의 파동설도 입증.

1855년

남인 영남학파의
지도자 유치명을 필두로
사도세자 추숭 떡밥이
다시 부상.

SEJA IN
THE BOX
개봉금지
사도세자 전하
불쌍해서 오또카지?

이에 조정에서는 추숭론 엄벌 주장이 대세.

정조 대왕께서 언급 금지하셨는데
기어코 또 저러는 거, 꿍꿍이가
시커멓습니다요.

거, 추숭 떡밥은
대충 묻는 게
상책이니 적당히 처벌하고
금지어 지정합니다.
아오, 너희는
또 뭐냐;;
IRON
BELL
Fe

조석우가 송시열을 까고 윤증을
실드 쳤으니 벌하시옵소서!

윤증은 자음도
ㅇ지! 어 ㅇ지!
망해라!
송시열과
그들의 나라!
SHIELD

경상 감사 조석우가
윤증 빠였던 고조부의
문집을 간행했는데, 내용 중
송시열 디스 부분이 있었던 것.

※ 애초에 공금으로 간행해서 문제.

그리하여
유치명과 조석우는
각각 가벼운 유배行.

뭐 이제와서 남인이니 노론이니 소론이니
시파니 벽파니 뭔 의미겠냐마는…
…약간은 의미 있는 척?

한편 동해에서는 영국 군함 호네트 호, 독도 측량.

호네트 암이라
이름 붙이노라!
어, 그거 작년에
러시아 군함이 측량하고
올리부차 & 메넬라이
–라고 이름 붙인 건데.
우리는 6년 전에
리앙쿠르 암이라고
이름 붙였는데….

일본에서는 1854년 말부터 1855년 말까지,

英日
영·일
화친조약

露日
러·일
화친조약

佛日

영·일, 러·일, 불·일
화친 조약 체결.

미국에서는 새뮤얼 콜트, 콜트社 창립.
COLT
6탄통!!
6탄통!!
6탄통!!

1856년

유치명, 유배에서 풀려나 종2품 가의대부에 제수.

예아!!
영남학파 붐은 온다!!
Bell 2

7월, 프랑스 군함 비르지니 호, 충청도 보령 앞바다 외장고도에 들러 방목 중인 가축을 약탈.

도둑 잡아라!
세브르 치즈를 만드려면 염소 젖이 필요해요.

홍주 목사가 지휘관인 게렝 제독과 중국인 통역을 통해 필담하고 염소 값을 받아옴.

러시아 놈들이랑 싸우러 가는 길에 전쟁이 끝나서 돌아가는 길임.
러시아 놈들이랑 왜 싸움? 여긴 왜 건듦? 《몽테크리스토 백작》 결말 어케 됨?
긴말은 생략한다. (종이 여백이 부족해;;)

이후 프랑스인들은 북상해 인천 앞바다를 측량.

프랑스인들 말대로 유럽에서는
3월 30일, 크림 전쟁 종료.

크림 전쟁으로 기어코 '크림' 드립 치는 놈은 사형. ㅇㅇ.

난징에서는 9월, 천경사변 발발.

광저우에서는 10월,
애로호 사건 발발.

광저우
마카오

런던 베이징스턱에서는
버버리 개업.

영국 패션이 굴기할 날은 올 것인가!
21세기 오늘날에는 버버리 매출의 30퍼센트 이상이 중국에서 나오죠.
BURBERRY

1857년

9월 21일, 순원왕후 김대비 사망. 향년 68세.

남편·자식·손자 다 먼저 보낸
박복한 할매가 나라를 캐리하는 데
늙은 몸 다 갈아 바쳤노라.

왕할머니 덕분에 안동 김씨
천하는 콘크리트 반석 위에서
만세를 누릴 것입니다.
흙흙 ㅠㅠ

아무튼 한글 편지 같은
서찰을 많이 남기신 덕분에
후대인들의 역사 도락에
큰 기여를 해주셨습니다.

니들은 죽고 나서
SNS·쪽지·카톡
다 공개되면 좋겠냐?!!

뭔 만천하에
공개 박제하고
난리야!!

퍽

…원칙적으로는 다
태웠어야 할 편지들인 것.

인도에서는 4월, 세포이 항쟁 발발.

중국에서는 5월, 석달개, 난징 이탈.

12월, 광저우 함락.

영국에서는 복스홀 모터스 창립.

처음에는 선박 엔진,
펌프 만드는 회사였죠.
VAUXHALL MOTORS
엠블럼의 그리핀은
적기조례 때문에
깃발을 들고 있나;

※ 적기조례는 8년 후에 시행.

1858년

중국 다녀온 사신단,
태평천국 상황 보고.

난징의 장발적들이 내분으로
서로 죽이고 탈주하고 난리랍니다.
홍수전도 병으로 죽었다고 합니다.
중국 놈들 정보 통제가 심해서
제대로 된 정보가 맞나 싶으다;
죽의 장막인가

중국에서는 5, 6월.
청나라와 영·불·러·미 간에
텐진 조약 체결.
러시아와는 따로
아이훈 조약 체결.

2차 아편 전쟁
전반전 종료.
걍 쌩 까고
조약 비준 안 해주면
그만이지….

일본에서는 7, 8월,
미·영·불·러·네–5개국과
일련의 수호통상 조약 체결.

안세이 5개국 조약

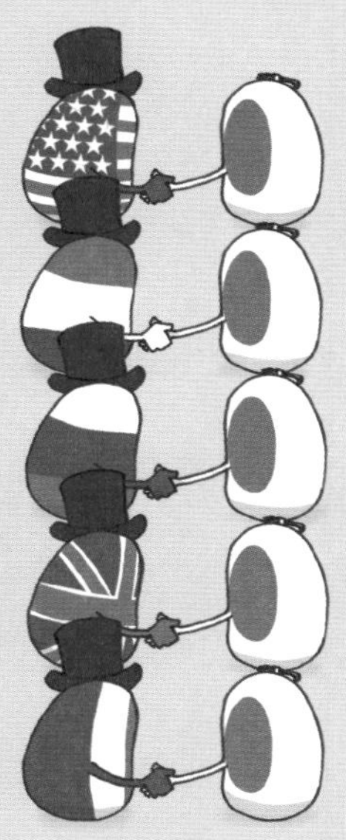

중국 남부에서는 11월, 태평천국군의 강북대영 토멸과 삼하대첩.

이속빈·
증국화 전사.

1859년

5월과 11월,
영국 선박 동래에 출현.

Everybody come to
KwangAhanLi~♬
다이내믹
붓싼!!

유럽에서는 4월,
이탈리아 독립-통일 전쟁 발발.

동맹군
프랑스!!
이제부터는 크루아상 대신
치아바타 & 피자다!!

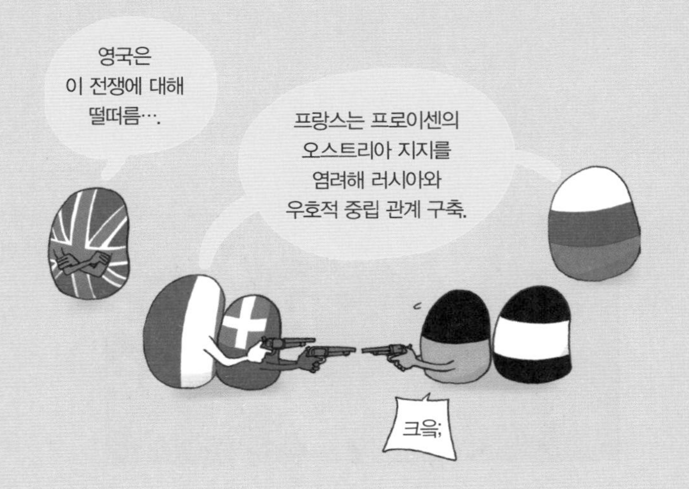
영국은
이 전쟁에 대해
떨떠름….
프랑스는 프로이센의
오스트리아 지지를
염려해 러시아와
우호적 중립 관계 구축.
크윽;

그러나
프랑스는
곧 사보이와
니스를 챙겨
전쟁 이탈.
ㅋㅋ 개이득ㅋ
저 통수
배신자;;
양아치
프랑스 놈;
(파머스턴은 원래
나폴레옹 3세 혐오.)
프랑스
개수작 쩌네.
크림 전쟁의 원한,
아직 남아 있다고.
이로써 모두에게 인심을 잃는다.

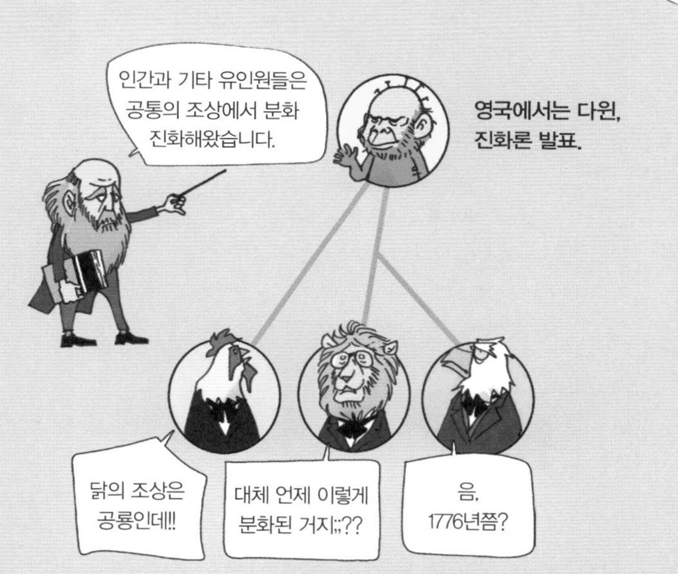
인간과 기타 유인원들은
공통의 조상에서 분화
진화해왔습니다.
영국에서는 다윈,
진화론 발표.
닭의 조상은
공룡인데!!
대체 언제 이렇게
분화된 거지;;??
음,
1776년쯤?

독일에서는
베른하르트 리만,
리만 가설 제시.
소수의 분포 규칙성은
분명히 존재합니다!
수학자 여러분은 안심하고
리만 가설 증명에
종사해주십시오!

1860년

일본에서는 3월, 사쿠라다 문 밖의 변,

이이 나오스케 피살.

그 와중에 일본은 서양 열강과의
수호통상 조약 체결을 조선에 통보.

님, 괜찮;?
알고 보면 양놈들도 대충 말이 통하는 놈들 같아요….
일본이 무슨 양놈들 앞잡이가 되는 건 아니니 안심하시길.

12월에는 재자관(단순 사무연락관)이
베이징에서 급보를 가지고 서울 도성으로 달려오는 중.

베이징;; 베이징이;;
ㄷㄷㄷㄷㄷㄷㄷㄷ

그 베이징발 급보–
9월 20일, 팔리교 전투.

10월 18일,
원명원 방화.

10월 24일,
베이징 조약 체결.

11월, 미국에서는 공화당의
에이브러햄 링컨, 대통령 당선.

인류애로!
조져 불자!!
…

AND
5월,
경상도 경주 용담에서는–

으럼ㅇㄴ험ㅇ렇늫흫ㄹㅁ
한울님!!!!

최제우, 종교적 신비 체험.

제 7 장

한편
남쪽에서는

1859년, 태평천국군은 배신으로 잃은 푸커우 공략에 매진.

양저우
푸커우
진장
난징
단양
허페이
창저우
쑤저우
퍽
후저우
자싱
안칭
푸커우
항저우

증국번은 석달개의 이동을
계속 주시하며 견제 中.
하남
강소
안
휘
난징
호북
우창
절강
사천
강서
호남
복건
귀주
광동
광서
운남
...
1859년 1월

감숙
하남
강소
섬서
안
휘
난징
호북
우창
사천
절강
강서
호남
복건
귀주
광동
운남
...
1859년 3월

감숙
하남
강소
섬서
안
휘
난징
호북
우창
절강
강서
호남
복건
귀주
광동
이리 쉽게 못 보내줄 정도로 우리가 정이 깊었던가요?
1859년 5월
실컷 괴롭히고는 아무것도 안 갚고 가려고 하면 안 되지-!

1859년 8월, 호남성 사오양을 공격하던
석달개를 증국번이 추격해,
사오양 공략을 좌절시킨다.
강소
안
휘
난징
호북
우창
절강
강서
호남
복건
광서
광동
아, 진짜 어디까지
쫓아오려고 이러시남?!
호남성은 상군의 고향인데
내버려둘 수 있겠냐?!

하지만 결국 이들은 헤어질 수밖에 없는 운명이었으니-

예로부터 안전하게 틀어박혀
세력을 키우기 좋은 땅이 촉 땅.
입촉! 사천으로 가야지!
하남
강소
안
휘
난징
호북
우창
절강
사천
호남
복건
귀주
광동
광서
운남
이 보헤미안 워너비를
쫓아다닐 게 아니라,
장강의 메인 전선에서
성과를 내야 하는데;;

너님 눈에 안 띄는 데로 가서
숨만 쉬고 살 테니까
이제 그만 좀 보내주시죠.

하남
강소
안휘
난징
호북
우창
사천
절강
강서
호남
복건
귀주
광서
광동
운남

ㅇㅇ. 우리 구역만 아니면
어디서 무슨 난리굿을
벌이든 알 바 아님. ㅂㅂ~

그리하여
석달개는 사천으로,
증국번은 장강으로
각각 제 갈 길을 가고.
1859년 12월,
증국번은 안칭 공략 개시.
난징
푸커우
허페이
안칭
황메이
주장
후커우
난창
이 진옥성 님은
만만할 거 같으냐?!
스물두 살짜리가 적장이면
만만하게 봐도 되지 않나?

한편 1859년 11월, 이수성은 드디어 푸커우 함락.

양저우
푸커우
난징
허페이
이름은 이수성이지만, 수성뿐 아니라 공성도 잘합니다~!
쑤저우
안칭

푸커우 함락의 공으로 이수성은 충왕 작위를 받는다.

蟲王이면 재미있었을 텐데.
忠王

당시 태평천국의 내정은 홍인간이 '간왕'이라는 직함을 달고 주관 中.

다음 작전은 간왕과 의논하도록. 나님은 하렘 쪽 일이 바빠서 이만….
서양 친화 정책이 기각되었음에도 내정을 맡으셨군요?
干王
천왕 형님이 친인척만 믿으니, 트롤들만 가득한 친인척들 중에 그나마 사람인 나님이 일을 해야죠….

양저우
난징
진장
푸커우
강남대영
단양
창저우
상하이

푸커우는 해결했지만 아직도 난징에는 눈엣가시가 박혀 있죠.

ㅇㅇ. 강남대영.

강남대영

1차 강남대영이 무너진 1856년으로부터 2년 후.

천경사변과 이속빈군의 공세로 태평천국이 정신없는 틈을 타 1858년 2월, 샤오링웨이의 폐허에 청 관군이 2차 강남대영을 재건한 것이다.

흠차대신
화춘
부원수
장국량
총병
풍자재

장강 하류 루트로 들어오는 청조의 아낌없는 지원으로 강남대영의 방비는 나날이 증강된다.

강북대영 무너진 후 난징 주변의 유일한 관군이니까;;

강남대영

강남대영 본영을 중심으로 100여 개의 보루가 참호선을 통해
거미줄같이 연결된 수비선은 실로 난공불락!

그 병력이 20만이라는
소문도 있던데;
ㄷㄷㄷ;
그건 중국식 뻥이고,
실제로는 4, 5만 정도죠.
양저우
난징
진장
푸커우
강남대영
단양
쑤저우
자싱
4만이라고 해도,
공성전에서 공격 측은 방어 측 병력의
세 배 이상을 갖춰야 한다는
공자 세 배수의 법칙을 고려하면;
공략이 힘들겠는데요;;

…그래서 그 부분을
해결하기 위한
작전계획을 짜봤습니다.

1860년 1월, 태평천국군 일제히 기동 개시.

진옥성군은 안휘성 깊숙히
진공을 시작하고,

이수성군은
남쪽으로 진공.

양저우
진옥성軍
난징
푸커우
진장
단양
창저우
이수성軍
쑤저우
재네 다
어디 간다?
후저우
자싱
항저우

양저우
난징
푸커우
진장
이수성군 2만은 두 달에 걸쳐
절강성 북부를 휩쓸고-
쑤저우
상하이
후저우
이수성軍
자싱
항저우

난징
푸커우
진장
단양
허페이
창저우
3월, 항저우 성 앞에 도착.
쑤저우
후저우
자싱
안칭
항저우
하늘에 천국!
땅에는 항저우!!

장발적이 항저우를
노리고 있다고?!!?

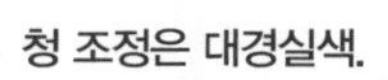
청 조정은 대경실색.

절강성 성도 항저우는
대운하의 종점이자 시발점.

난징이 태평천국 점령하에 놓이면서
더욱 그 역할이 커진 조운 거점.

조정은 강남대영에 긴급 명령을 하달.

장발적이 항저우를 노린다!
즉각 항저우로 원병을
보내도록!!
우리 수비 병력도
부족한데;;

뭐, 병력 좀 보내도 되지 않을까?

어차피 장발적 놈들도 여기저기
다른 데로 병력 다 보내서 난징 주변에
별로 큰 병력도 없으니.

그리하여 장옥량이
1만 3천의 원병을 이끌고
강남대영을 떠나
항저우로 향한다.
양저우
난징
푸커우
진장
단양
창저우
장옥량軍
쑤저우
상하이
후저우
자싱
항저우
장옥량·장국량
이름이 비슷하지만
사실 별 상관없습죠.

한편 3월 말, 항저우를 점령한 이수성은-

…강남대영이
움직였다?!
천국이 다
베풀어드립니다~

장옥량군의 움직임을 확인하자 바로
항저우 성을 버리고 뛰쳐나간다.

이때를
기다렸지!!
후다닥

며칠 후, 항저우에 도착한 장옥량이 비어 있는 성에
미적미적 조심스럽게 입성하는 동안-

어;; 무슨
함정 아닐까?

이수성군은 다른 길로 전속력 강행군.
일주일 만에 난징 권역 내로 귀환한다.

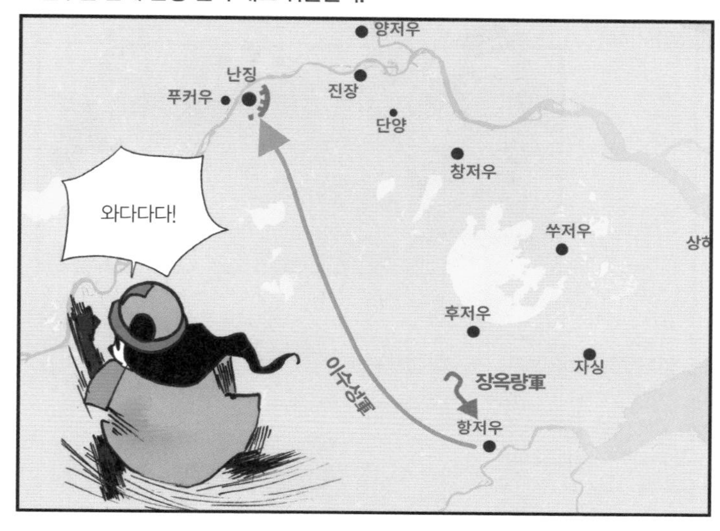
양저우
난징
푸커우
진장
단양
창저우
와다다다!
쑤저우
상하
후저우
자싱
이수성軍
장옥량軍
항저우

동시에 진옥성군과 기타 지방군들도
일제히 난징 권역으로 급거 회군.

파워 귀경!
양저우
난징
푸커우
진장
진옥성軍
단양
창저우
이수성軍
쑤저우
상
후저우
자싱
으잉??;
항저우
뭔가;; 뭔가
일어나고 있음;;

그리하여 4월 초,
강남대영은 5로 병진 10만의
태평천국군에 포위당한다.

It's a Trap!

이에 화춘은 항저우의 장옥량에게 귀환을 명하지만,

병력 부족하다!!
돌아와!!!
야; 저기, 항저우를 지키라는 게 조정의 명령이라 못 움직이겠어요;;

장옥량은 안 움직이고 항저우에 틀어박힘.

강남대영의 보루들이 차례차례 무너지고,

4월 28일,
포위를 뚫기 위해 벌인
순화진 전투에서도
청군이 대패.

결국 5월 초, 대량의 폭약을 동원한 태평천국군의 공격에 의해-

꾸궁

5월 4일, 강남대영 본영 함락.

장국량은 후퇴하다가
단양에서 전사.

저 사이비 놈들을;;
반드시- 끄르읅-
장군!!

풍자재는 남은 병력을 수습해
진장으로 들어가 버틴다.
양저우
난징
푸커우
진장
단양
창저우
상하이
후저우
진장에서 강남대영의
의지를 계속 이어간다!

...
흠차대신 화춘은 쑤저우로
도주했다가 그곳에서 자결.

그리고
강남대영 붕괴를 방관한 장옥량은
항저우 '탈환'의 공으로
강소-절강 제독으로 승진한다.

뭣이라?!?!
ㅎㅎ;; ㅋ; ㅈㅅ;

양저우
난징
푸커우
진장
단양
창저우
쑤저우
상하이
후저우
자싱
항저우

이제 천경을 위협하는
눈엣가시는 모조리 정리되었다!

이제 바다를 향해 나가자!!
풍요로운 절강성!!
상하이로!!

아니, 형님, 형님 작전 호응해주느라
안칭에 부하들만 내버려두고 왔는데,
이제 안칭 구하러 가야죠.

음?

※ 고향 동네 선후배 사이.

이 시점에서 동쪽으로 동정東征을 주장하는 이수성과,
장강을 따라 서쪽으로 서정을 주장하는 진옥성의 의견이 갈린다.

양저우
난징
허페이
창저우
西征
東征
쑤저우
상하이
우창
한양
안칭
항저우
닝보
주장
후커우
취저우
난창
타이저우
푸저우
이 전쟁, 원래부터 장강을 따라 서쪽으로 향하는 전쟁이었음!
부유한 동쪽, 절강을 취하고 바다로 나가야 한다고!

…역시 인간은 자기가 크게 성공했던 경험의 반복에서 성공의 열쇠를 찾는구나.
진옥성은 서쪽 우창 점령으로 출세했고,
이수성은 이번에 동쪽 항저우를 쳐서 성공을 이뤘으니….
뭐, 그러면 그리 논쟁할 필요 없이~!

동정과 서정,
양쪽 다 추진합시다.
투 트랙 ㄱㄱ

…뭐
ㅇㅋ;

음, 뭔가
데자뷔가….

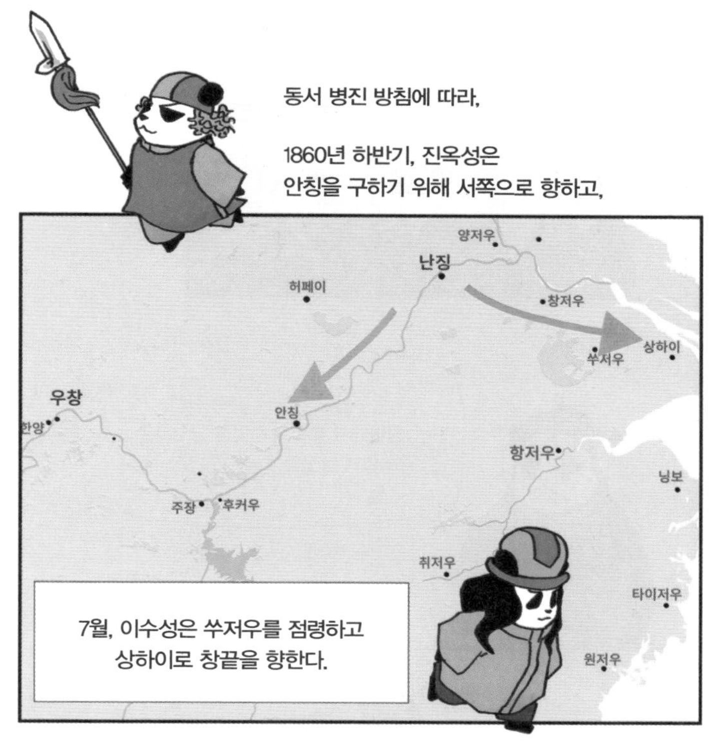
동서 병진 방침에 따라,
1860년 하반기, 진옥성은
안칭을 구하기 위해 서쪽으로 향하고,
양저우
난징
허페이
창저우
상하이
쑤저우
우창
한양
안칭
항저우
닝보
주장
후커우
취저우
타이저우
원저우
7월, 이수성은 쑤저우를 점령하고
상하이로 창끝을 향한다.

…동서 병진이라고는 하지만,
사실 나님은 동정에 좀더
힘을 실어주고 있답니다.
상하이에 은 백만 냥이
있다니까….

강남대영 붕괴 소식에
조정은 대경실색.
히요우우와아아악!!
아니, 또 이런 사단이 날 동안, 증국번은 뭐하고 있었답니까?!
뭔 성 하나를 천년만년 공략하고 있나?!
안칭 공략 中 이었다던데;
교활한 한족 선비 놈!!
…

…어쨌든 간에, 결국 현재 강남에서 장발적에 맞설 군사력은 증국번의 상군밖에 남지 않았소이다.
강북대영 붕괴
이속빈 상군 전멸
강남대영 궤멸
난징
허페이
창저우
우창
한양
안칭
항저우
주장
취저우
난창
창사
…

곧 들이닥칠 양놈들에
대비할 전력도 부족한 판,

맘에 들든 안 들든 결국
남쪽에 남은 카드는
증국번뿐입니다.

So-

1860년 8월,
안칭 공략 중이던 증국번-
SANG
ARMY
.com

양강 총독 & 강남 전역의 군 통솔권을 지닌
흠차대신으로 임명된다.
성은이
망극하옵니다!!
양강총독
강남 지역 군 통솔권

축하드립니다, 형님!
결국 이럴 줄 알고 내가 영감님한테 붙어서 존버한 거지!
선생님께서 총사령관이 되셨으니 이 난리가 곧 평정되리이다!

ㅎㅎ, 이제 강남의 숲군을 내 뜻대로 움직여서 원대한 구상을 실천할 수 있겠구먼.
강남의 숲군이라고 해봤자, 남은 군대는 사실상 우리뿐이지만….
두다다다다다

베이징에서 긴급 명령입니다!!
잉?

뜨,,,, 어어어어어~어얽,,,,,

팔리교 전투 대패!
황제 폐하, 열하로 몽진!
베이징 함락 직전!

상군은 즉각 전 병력,
베이징으로 올라와
근왕토록 하라.
HELP!

제 8 장

상하이 트위스트

1842년 난징 조약으로 개항한 이래,

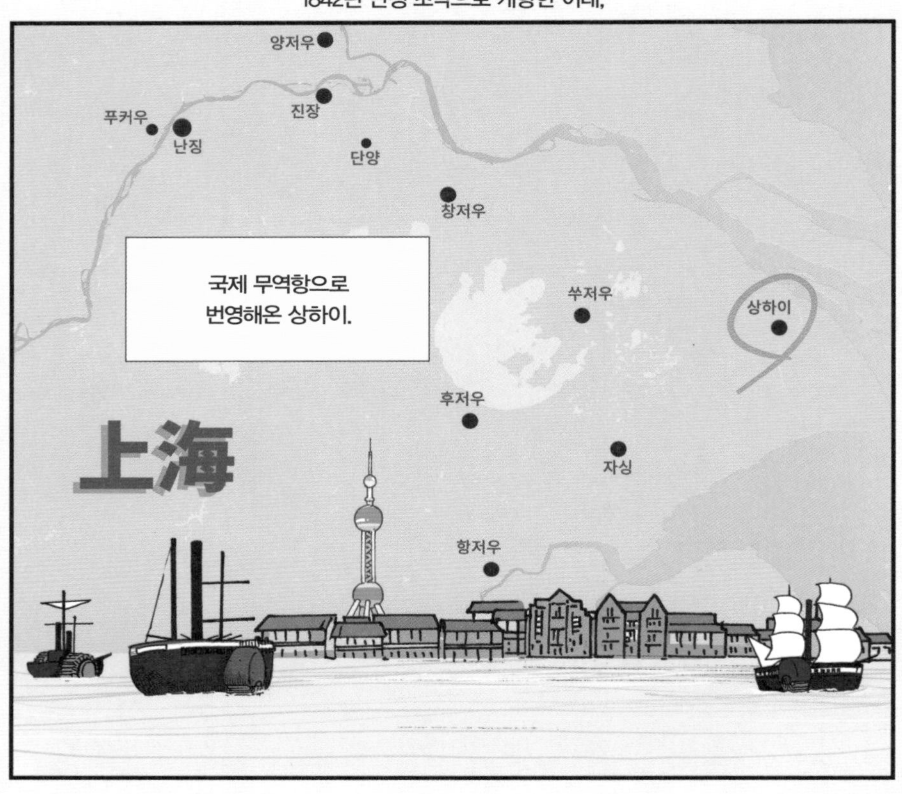

양저우
푸커우
진장
난징
단양
창저우
국제 무역항으로
번영해온 상하이.
쑤저우
상하이
후저우
上海
자싱
항저우

1853년 태평천국군이 난징을 점령했을 때,

太平天王

상하이에서도
반청복명을 내세운
반란군 '소도회'가
상하이 현성을 점거.

중국을 중국답게!
명나라 Great Again!
小刀會
明
明

소도회는 태평천국에
복속하고자 하는 의사를
난징에 전했지만–

그쪽 홍수전 천왕님이
홍무제 후손이라서 홍씨라죠?!
그럴듯한데?!

태평천국은 북벌과 서정으로
바빴던지라 상하이까지
신경을 쓰지 못함.

사이비 종교쟁이들이
명나라 광복군
무시하네….

1854년에는 상하이의
외국인 구역 경계 분쟁—
서양 세력과 청 당국 간에
니성 전투 발발.

뭐, 당연히 만청 놈들이 처 발렸죠. ㅋ
주거권 보장하라!

니성 전투 결과, 상하이에서의 조계—해관 규약이 체결되어
서양 세력에게 조계지를 떼주고, 해관의 통제권을 넘긴다.

공사관 근처 땅들을 자기네 나와바리로 삼고, 항구 세관을 지들 맘대로 주무르게 된 거죠.

그러고 나서—

이제 서양분들이 상하이에서 이것저것 이권이 많아지셨는데, 이 도시의 불안요소를 깔끔히 제거하는 게 님들에게도 좋지 않을까요?
?
일리가 있네.

1855년 1월,
소도회는 프랑스군에 의해
상하이에서 축출된다.

작은 칼들아~

그리하여 청 당국은
상하이 현성을 되찾고

서양인들의 사업은
조계지를 중심으로 번성해가고

모두가
행복한 상하이!
상업지구
조계지
상하이 현성

하지만 1860년 6월,
강남대영을 궤멸시킨
이수성이
상하이로 향한다.

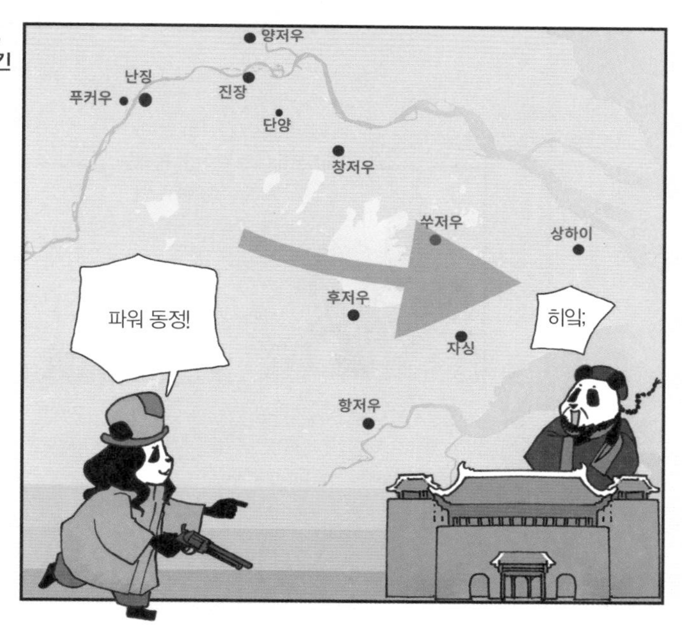
양저우
난징
푸커우
진장
단양
창저우
쑤저우
상하이
후저우
자싱
항저우
파워 동정!
히익;

6월, 상하이 코앞
쑤저우에 입성한 이수성은
상하이의 서양인 선교사들을 초대.

어서오십쇼!
샬롬!

서양인들과 친한
홍인간이 쑤저우로 와서
서양 선교사들과 회담.

가톨릭·정교회·국교회·청교도·사이언톨로지 등등, 모양새는 다 달라도 같은 기독교인 것처럼 우리 배상제회도 같은 기독교랍니다.
ㅎ;

같은 기독교,
믿음의 형제로 보장하건대,

태평천국군의 상하이 입성시, 서양 분들에게 어떠한 피해도 없을 것임을 약조드립니다.
(상하이 성 내부의 내응으로) 입성 자체도 무혈입성일 것이니 전투로 인한 피해도 없을 겁니다.
원, 낙관적이시군요.

당연히 낙관적이죠!
태평천국 최정예 이수성軍 2만!

이에 대해 상하이를 지키는 강소순무 서리 설환의 병력은 오합지졸 4천!
전투 시작되면 4천 중 반은 도망가고 반은 변발을 자르겠지;

설환은 항저우의 장옥량에게 병력 지원을 요청했지만,
푸커우
난징
단양
창저우
좀 도와줘요!
쑤저우
상하이
후저우
자싱
항저우
항저우를 지키라는 게 조정의 명령이에요~

장옥량은 항저우에 처박혀
꼼짝도 하지 않는다.

그냥 홍콩行 배 타고 탈주할까;
외국인 용병을 써보면 어떨까요.
소송태두 오후
음?
돈은 제가 대죠.
元

광저우 공행 출신 거상 **양방**

그리하여 상하이 현 당국은 해적 토벌로 이름 높은
'공자'호의 선장 워드에게 용병 부대의 조직을 맡긴다.

배 이름이 '공자'인 걸 보면 아주 중국 친화적인, 도리를 아는 서양인 아니겠습니까.
사실 '공짜'호에서 획 하나가 떨어져서 '공자'호가 된 거지만….

Frederick Townsend Ward(28세)

상하이 부둣가를 떠도는 온갖 뜨내기·건달·탈영병 들을 모아―

비린내 나는 부둣가를 내 세상처럼 누벼가며
두 주먹으로 또 하루를 겁 없이 살아가는
남자들을 모집합니다.

1860년 6월 2일, 300여 명의 인원으로 서양 용병단―'양창대' 발족!

洋槍隊
고용주가 빨리 전투에
나서라고 난리 치니까
일단 움직여보자.

6월, 상하이 외곽 쑹장으로 진출한 태평천국군을 공격한
첫 전투에서 양창대는 100여 명을 잃으며 참패.

양놈들이네?
콰콰콰쾅
첫트는 과학이구나!

필리핀 용병들로 인원을 보충하고 대포를 갖춘 후,
7월, 다시 쑹장을 공격해 함락.

이번에도
100여 명을
잃긴 했지만….

하지만 8월 2일, 칭푸 전투에 청군을 도와
참전한 양창대는 궤멸적인 피해를 입는다.

300여 병력 중
반 이상 전사.

TA
TA
TA
TA
TA
TA

빡

워드 본인은 양쪽 뺨을
총알이 관통하는 중상을 입고,

양창대는 부지휘관
버자빈의 인솔로 후퇴.

후퇴!! 중국에서
죽지 말자!!
큰 부상으로 워드는
당분간 리타이어.
날아가는 총알을 혀로
핥아본 사람은 많지 않을 걸~

양놈들이
우리 군에 맞서 싸우는 걸 보니
아무래도 상하이 무혈입성은
힘들지 않을까요?
쑤저우
상하이
자싱
ㄴㄴ, 저놈들은 용병일 뿐.
영국과 프랑스의 정규군이
움직이지 않으면 문제없어.

그리고 상식적으로
영국과 프랑스가 상하이의
청요 놈들을 도와줄 리가 없지.
Why?!

1860년 8월 현재,
청나라와 영국·프랑스는
전쟁 중이라고!!
영불연합군이 톈진 연안에 상륙해서
베이징으로 진격할 참인데!
베이징
퉁저우
톈진
베이탕
다구포대

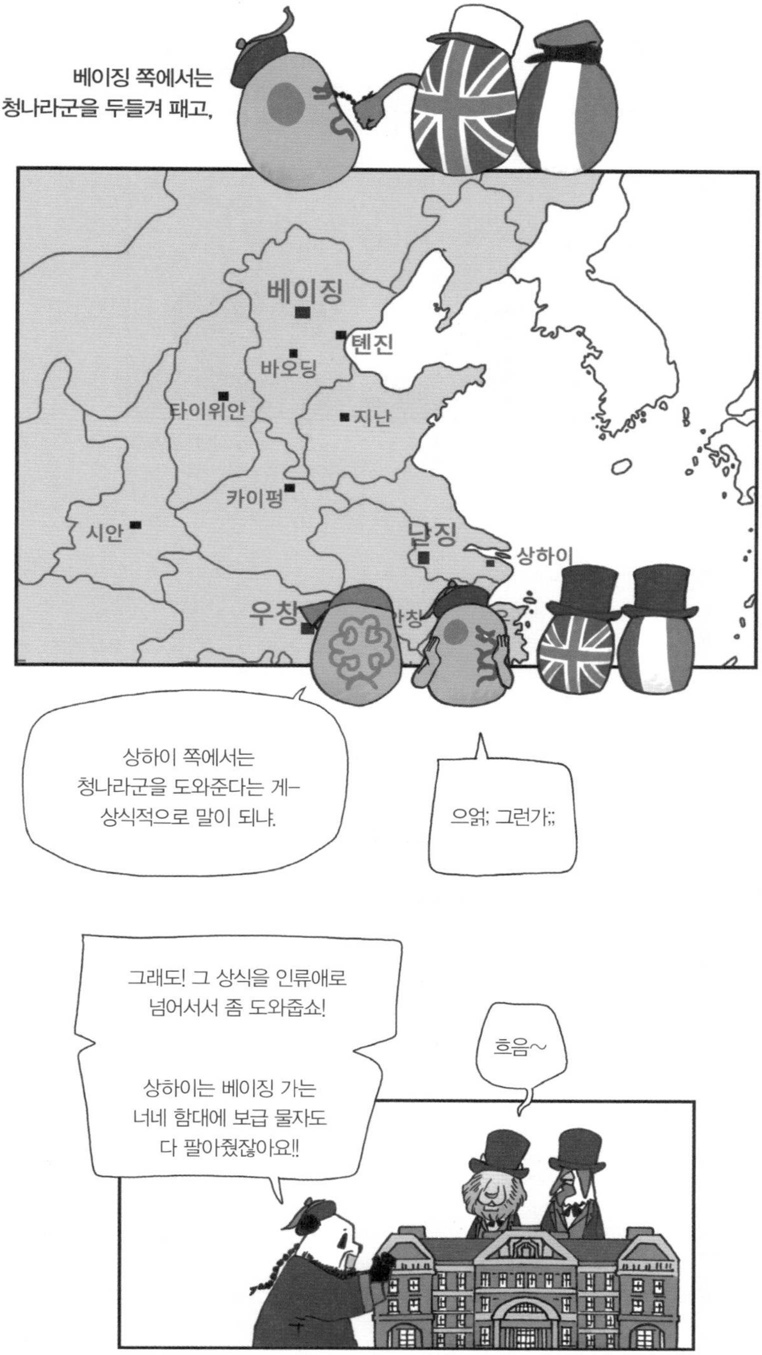

베이징 쪽에서는
청나라군을 두들겨 패고,

베이징
텐진
바오딩
타이위안
지난
카이펑
시안
난징
상하이
우창

상하이 쪽에서는
청나라군을 도와준다는 게-
상식적으로 말이 되냐.

으엌; 그런가;;

그래도! 그 상식을 인류애로
넘어서서 좀 도와줍쇼!

상하이는 베이징 가는
너네 함대에 보급 물자도
다 팔아줬잖아요!!

흐음~

양창대가 개박살 나서
수백 명이 죽었다던데
덕분에 상하이 부둣가가
좀 깨끗해지겠군요. ㅎ

이에 상하이의
영국·프랑스 공사들은-

이수성이 상하이의 서양인들
협조를 바란다며 우리 선교사들한테
무슨 작위 같은 것도 줬다나봅니다.

영국 공사 브루스
Frederick Bruce

프랑스 공사 부르불롱
Alphonse de Bourboulon

※ 엘긴 백작의 동생.

이수성은 청나라와 영불이 전쟁 中이니
상하이에서 영불이 청나라 편을
들지 않을 거라고 믿나본데-

본국 전권대표단의 지시는-

상하이의 영불병력은
청 당국에 협력해
상하이를 지킬 것.

그 이유는 첫째,

상하이가 태평천국군에게 점령당할 경우,
청나라에게서 얻은 영불의 이권을
태평천국에게서 갱신받기 어렵다.

기고만장한 놈들이거든.

여기 전세
계약서 있는데;

청조와 맺은 규약들은
효력 없습니다.
조계 다 빼세요.

확정일자도
받아놨는데;

둘째, 영불의 전쟁 목적 달성에
태평천국의 상하이 점령은 방해가 될 수 있다.

아, 글쎄 우리가 너님 멸망시키겠다고 전쟁하는 게 아니라, 교역 좀 넓게 하자고 이러는 거잖아.
겁먹지 말고 협상하자고, 협상.

이 전쟁이 청조를 멸망시키려는 전쟁이
아니라고 안심시켜야 하는데,

…진짜?
끼요요오오오옷!!!
으윾! 영국·프랑스 님들아 Help!!

…

태평천국이 남쪽에서
청조 세력을 다 박살내는 걸
영국과 프랑스가 구경만 한다면–

꼴까닥~

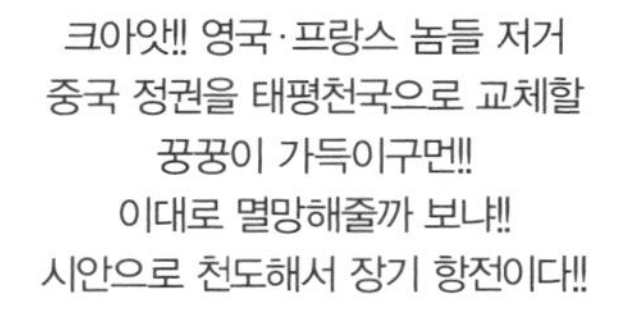
크아앗!! 영국·프랑스 놈들 저거
중국 정권을 태평천국으로 교체할
꿍꿍이 가득이구먼!!
이대로 멸망해줄까 보냐!!
시안으로 천도해서 장기 항전이다!!

아 놔;;;
안 돼;;

호다닥

셋째, 청나라에 지금까지 들인 서열 정리 작업의 공이 아깝다.

청나라에 대해선 이제 슬슬 서열 정리 작업이 마무리 단계. 그 과실을 맛보기만 하면 되는데–

서양이 너님보다
서열 더 높다는 거
이제 알겠지?

태평천국 놈들이 이걸 다 뒤엎어 지금까지 들인 공을 도루묵으로 만드는 꼴을 어찌 보겠는가.

태평천국은 만청처럼
약하고 비굴하지 않습니다!
...

서양 형제들도
예수님 동생 천왕님을
섬기도록 하세요!
그리고 무엇보다, 저런 미친
사이비 종교의 폭주는
정성을 다해 밟아주는 게
문명인의 의무 아니겠남요.
그러게, 예수님은 백인인데
어떻게 중국인이
동생일 수 있겠어요.

그리하여 상하이의 영불 공사관은
청조에 협조, 상하이 방어에 나설 것임을 천명.

쎄쎄!! 감사합니다!!
땡큐 베리 머치!!
메르시 보쿠!!
상하이 거주
이웃들끼리
돕고 살아야죠~

영국군 900명과 프랑스군 300명이
방어선에 배치되고,

대여섯 척의 포함이 황푸강에 진입,
함포 사격을 준비한다.

그럼에도 8월 18일,
이수성은 상하이로 진격.

양놈들이 괜히 기싸움하려고
시늉만 하는 걸 거야….

영불 공사관이 경고했음에도,

물러가지 않으면
발포한다….
쏴 쏴.

태평천국군이 상하이 성내로 진입을 시도하자,

발사!!
꾸궁
꾸르릉

성내의
암스트롱포와

포함의
콩그리브 로켓
일제사.

슈우우웅
음?

으아아악!!?!

양놈들;; 진짜로 상하이를 지킬 셈이구나;;
상하이 성내에서 내응키로 했던 협력자들도 일망타진 당했답니다;;

그리고 상황이 유리하게 돌아가자 항저우의 장옥량도 기어나온다.
나님이 도와주러 가겠소이다!!
안 와도 되는데.
컷;;

푸커우
진장
난징
단양
창저우
쑤저우
상하이
후저우
자싱
항저우
결국 1860년 8월 24일, 이수성은 상하이 당국과 영국·프랑스 측을 비난하는 편지들을 남기고 철수.
외세의 힘을 빌어 호가호위하다니! 부끄럽지도 않냐! 만고에 제국주의 주구로 남을지어다!!
그래도 본격적인 전투를 벌이지 않아서 피해는 포격에 죽은 100여 명뿐이니 다행이랄까요….

1860년 8월 24일,
영불연합군이 청나라를 도와
태평천국군 격퇴.

1860년 9월 12일,
영불연합군이 팔리교에서
청 팔기군 섬멸.

흐으음;;
영불군의 도움으로
상하이 방어 성공!
팔리교전투 대패!
영불군 베이징으로 진격중

이쪽에서는 청나라를 돕고,
저쪽에서는 청나라를 두들겨 패고…
난해하다 양놈들….
아니, 그보다 베이징으로
병력 끌고 올라오라는
황명 어쩌시렵니까?

아니, 가긴 어딜
어떻게 가?!
난징
허페이
안칭
우리가 안칭에 발 묶여 있는 동안
진옥성이 안휘성 전체에 병력
전개해서 대공세에 나설 참인데!!
여기서 병력 빼면
무창까지 하이패스로
뚫릴 텐데!!

아니; 그렇다고
황명을 어길 수는 없는데;;
조정에서 나님 꼬투리
잡으려고 혈안이 되어 있는데;
어찌 불충의 죄를;;
뭐 그럼 대충
시간 끌죠.

어차피 영불연합군의 전쟁 목적도 간단하고,
베이징이 뚫린 이상 조정도 빨리 협상해야 할 거고.

So– 전쟁 끝날 때까지만 버티면 됩니다.

베이징
톈진
바오딩
타이위안
지난
카이펑
시안
난징
상하
우창
안칭
항저우
창사
난창
푸저우
구이양

황명에 대한 기술적 문의 답신을 올리면
가는 데만 15일, 오는 데 또 15일 걸리니,
그동안 전쟁 끝나 있을 겁니다.

증국번의 답신을 받은 베이징에서는–

"상군이 베이징으로 올라갈 때,
증국번이 지휘해서 갈까요?
or
호림익이 지휘해서 갈까요?"
–라고 문의 답신이 왔는데요.

열하로 갈 답신이 왜
여기로 왔어?!
누가 뭘 몰고 오든
Who cares!!

결국 그리 편지가 한차례 오고 갈 동안–

1860년 10월 24일,
베이징 조약으로 전쟁 종료.

휴, 이제 전쟁 끝났으니 올라올 필요 없댄다;;

하;
다행입니다;

나라가 패전하고 굴욕적인 조약을 맺었는데 안도의 한숨이 나오다니….

아무튼 이번에 보니까 바닷길로 오는 적, 너무나 무서운 것. 바다가 중요한 거 같아요.

바다로 오는 놈들은 어차피 영토 욕심 없이 교역이나 하자는 거니까 큰 우환이 아니야.

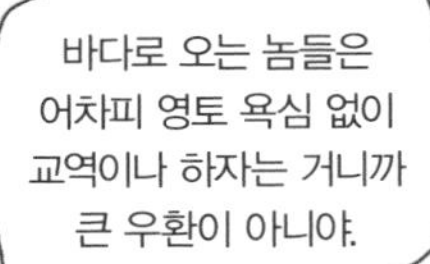

러시아가 연해주 뜯어간 거 봐라. 중국과 기나긴 국경을 맞댄 러시아야말로 지평선 너머 대륙의 우환이야.

러시아와 접한 변방 황무지들이 중요할까요, 아니면 바다에 접한 대도시들이 중요할까요?

해안가 대도시들은 어차피 지구온난화로 다 수몰될 건데….

제 9 장

Broken Scissors

이수성軍의 상하이 진공 실패 후,
거, 괜히 동쪽으로 가서
양놈들한테 쥐어 터지기나 하고
쯔쯔
큼, 너님도 안칭 공방전에 묶여서
서쪽으로 딱히 못 나가고 있잖슴?

그래서 말인데, 이제 우리 둘이 힘을 합쳐서
큰 그림 대전략을 실행해보면 어떨까 싶으요.
양저우
난징
허페이
창저우
쑤저우
상하이
우창
한양
어저우
안칭
항저우
황메이
주창
후커우
치먼
닝보
취저우
난창
잉?
육로로
서부전선 대공세!!

증국번의 상군 주력은 현재 증국전 지휘하에
1년 넘게 안칭 공성전에 매달려 있지.

한양
우창
어저우
안칭
황메이
주장
후커우
양잔
치먼

공성전은
말려 죽이는 게 최선.

난창

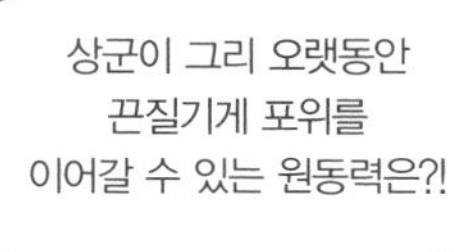
상군이 그리 오랫동안
끈질기게 포위를
이어갈 수 있는 원동력은?!

허페이
우창의 호림익
호북순무아문
한양
우창
안칭
어저우
황메이
주장
후커우
양잔
우창을 출발해
장강을 따라 내려오는
병력과 보급물자지!!
난창

증국번軍이 주사위 바늘이라면,
호릭임의 우창 호북순무아문은
그 뒤에서 백업해주는 피스톤!

근본적으로 저 우창을 박살 내면
안칭에 모여 있는 상군도
저절로 박살 나는 것!

이를 위해,
장강 루트가 아닌
육로로 우창을 친다!

장강 제하권은
적에게 있으니까….

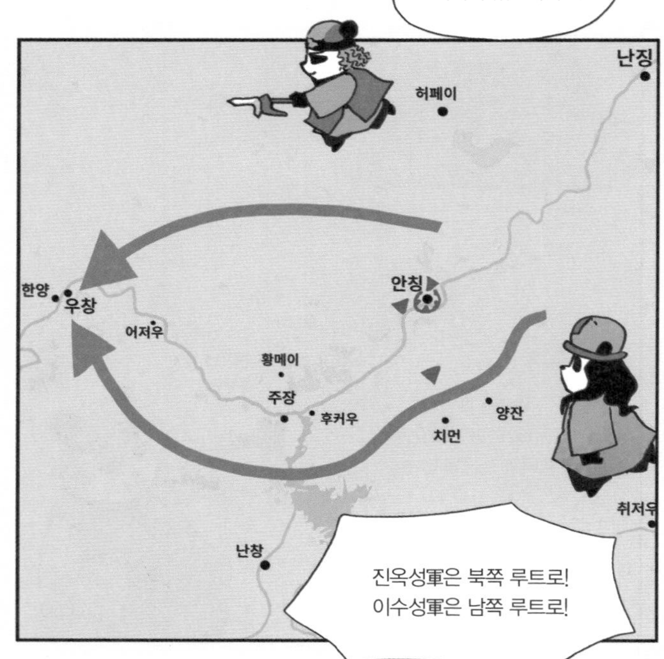
난징
허페이
안칭
한양
우창
어저우
황메이
주장
후커우
양잔
치먼
취저우
난창
진옥성軍은 북쪽 루트로!
이수성軍은 남쪽 루트로!

이 남북 양로 병진이 우창에서 만나
그 가위의 날을 닫을 때!!

호림익과 증국번,
둘 다 잡을 수 있다!!
이것이 바로
이 전쟁을 승리로 이끌
일발역전 최후의 카드!!

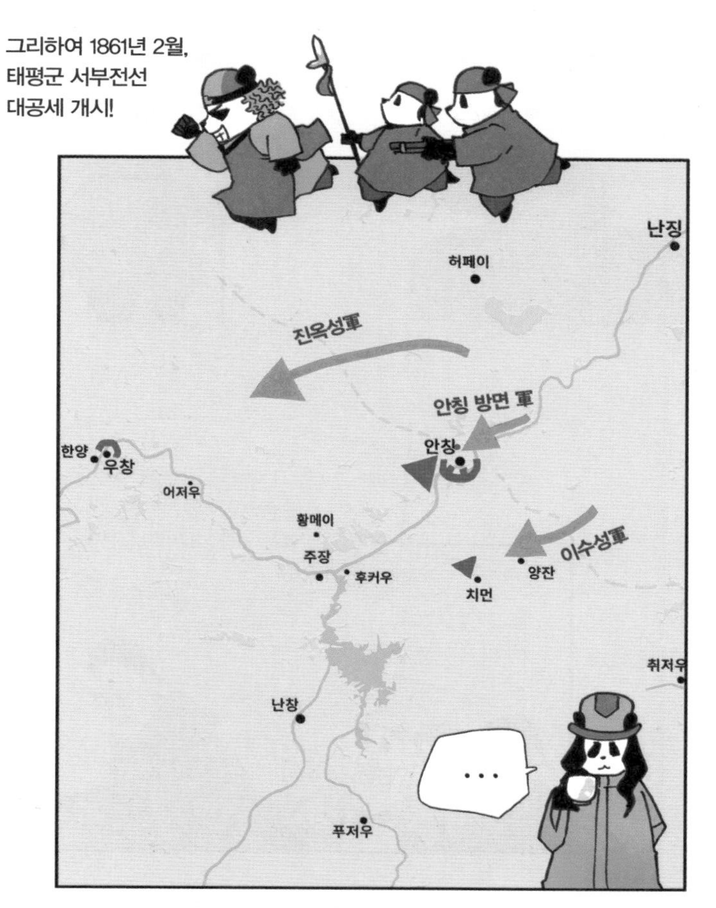
그리하여 1861년 2월,
태평군 서부전선
대공세 개시!
난징
허페이
진옥성軍
안칭 방면 軍
안칭
한양
우창
어저우
황메이
주장
후커우
치먼
양잔
이수성軍
취저우
난창
푸저우
...

이수성軍은 오직 우창을 목표로 한 전격전 쾌진격으로,
작전개시 11일 만에 우창에서 머지않은 황저우에 도달.
한양
우창
황저우
어저우
안칭
황메이
주장
후커우
치먼
난창
히익??!! 여기까지
어케 왔대?!
짜잔~!

메인 전장에서 완전 멀리 떨어져 있는 우창에
수비 병력이 있을 리가 있나;;
전부 행정·보급 인력밖에 없는데;;
창고에 불 지르고
얼른 도망갑시다!!

호림익은 일단 증국번에게 SOS를 치지만

뒷치기로 서폿 털리게 생겼음요!! HELP!!
이쪽도 적의 공세가 시작되서 움직이기 어려워요;
아니, 여기 털리면 님이 움직이든 안 움직이든 님도 무조건 죽는다니까요?!
죽죠, 뭐.

그래, 죽죠, 뭐. 영원한 안식….
손님 오셨습니다만.

음?
나님이 진옥성과 만나 잘 얘기해보겠소이다!
뚜둔

장강 너머의 진옥성.
7년 만에 다시
우창인가….

우창
창
우창

7년 전, 1854년 6월,
열일곱 나이로
우창 함락의 공을 세워
출세가도를 달리게 되었지.

※ 02권 제11장 참조.

그 영광을 다시 한 번…
근데 일단 장강 건너는
일부터 쉽지 않겠구나….
음?
손님이 오셨습니다.

헉?

그리팅스!!
영국 해군 제독
제임스 호프올시다!

아! 다구포대 전투에서
청군 포대에
처발린 그 영국 제독!!
…중국인들에게
그 외의 다른 뭔가로
기억될 방법은 없겠구먼….
아니, 근데 이 깊숙한
내륙까지 어떻게 오심?

헐;
어떻게 오긴!!
장강 따라 포함 몇 척
끌고 왔시다!

태평천국이 장강을 끼고 있긴 해도, 수군 소멸로 제하권을 잃은 지 오래.

양저우
난징
허페이
창저우
쑤저우
상하이
우창
어저우
황메이
주장
후커우
안칭
양잔
치먼
항저우
닝보
취저우
난창
타이저우

난징성 바로 코앞 장강 위로 청나라 배와 서양 배 들이 활발하게 오르내리고 있다.

뭐, 그 덕분에 태평천국 측에서도 서양인들과 거래할 수 있던 것.

생사(비단 실)를 건네고 무기류를 구입.
전쟁 특수가 쏠쏠하구먼요.

이번에 2차 아편 전쟁을 끝내며
맺은 베이징 조약에 따라
장강의 자유 항행권을 보장받았고!

우창을 그 장강 수로의
개항장으로 인정받은 것!!

그래서요?

So… 우창 개항장에 영국의 상업지구를 만들 거니까,
우창 공격 중단을 요청드리는 바입니다!
영어로 개소리를 다 들어보겠네!!!
Bow Wow였나?!!

만약 우창을 공격한다면, 영국 함대는 우창을 방어하기 위해 나설 거임.
하, 그 포함 대여섯 척 가지고 협박하심?

그깟 소함대, 우리 軍 5만(뻥)이 한꺼번에
물장구만 쳐도 몽땅 전복시킬 수 있겠구먼!!

ㅎㅎ, 대군을 이끌고
안휘성을 11일 만에
횡단해온 건
꽤 장한 일이긴 합니다만~
한양
우창
어저우
안칭
황메이
주장
후커우
치먼
끄읭;;
육로 강행군을 위해
화포류와 식량 운송은 포기해야 했겠죠? ㅎ
크읔;;

1854년 이래 이 전쟁이 계속 장강을
오르내리며 이뤄졌던 것은, 물론 장강 변에
대도시들이 늘어서 있기 때문이기도 하거니와,
이 지역 육로로는 현대전에 필요한
화포와 포탄, 각종 보급물자를
대량으로 운송하기 어렵기 때문!
양저우
난징
허페이
창저우
안칭
한양
우창
어저우
항저우
황메이
주장
후커우
양잔
치먼
취저우
창사

으따; 뚜벅이들
용쓴다;;
그럼에도 진옥성軍이
수로 대신 육로로 고속 행군을
감행했다는 것은,

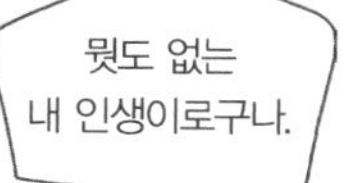
뭐도 없는
내 인생이로구나.

**화포도, 보급 물자도 없이 알보병으로
기습 작전을 편다는 의미겠죠.**

(뭐, 우창을 점령하고 우창의 보급고를
털면 된다고 생각하셨나본데 ㅎ)

대포도 없이 알보병으로,
어떻게 이 포함들을 뚫고 도강해서
우창을 칠 계획이신지? ㅎ?
크읅;;
武昌

식량도 많이 못 챙겨오셨을 텐데,
영국 해군 명물 건빵이라도 좀 드릴까요.
바구미 애벌레도 좋은 단백질원이죠.
나님은 우창에서 탕수육
대접받기로 해서리 ㅎㅎ;
!@$%@#%^!

…장강 북안에서는
강을 건너야 하지만 남안에서는
우창을 육로로 바로 칠 수 있지….
저 건빵이라도
좀 받을까요?
이수성軍이 남쪽에서
우창까지 제대로 도달한다면
공격 가능할 텐데….

BUT 이수성軍은…

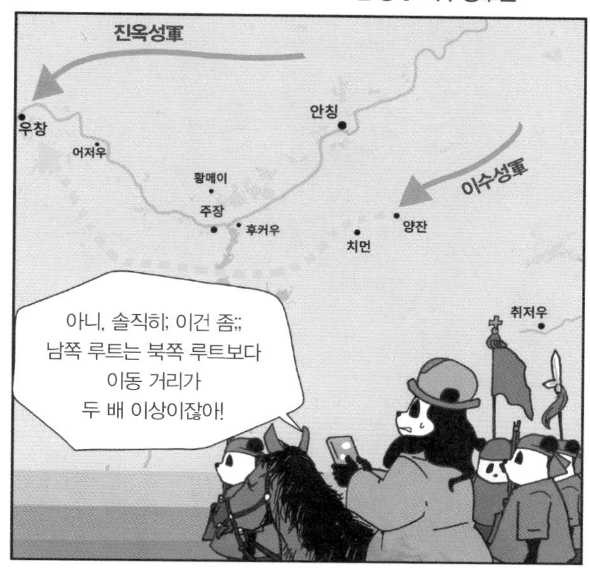

진옥성軍
이수성軍
우창
어저우
안칭
황메이
주장
후커우
치먼
양잔
취저우
아니, 솔직히; 이건 좀;;
남쪽 루트는 북쪽 루트보다
이동 거리가
두 배 이상이잖아!

더군다나 강서성의 상군 세력권을
우회해야 한다고!!
잠깐
지나갈게요;
통행료로
머리통 내놓고 가.
쑤저우
상하이
안칭
우창
어저우
항저우
황메이
주장
후커우
양잔
치먼
취저우
난창
타이저우
원저우
푸저우
상하이 상하이 상하이
상하이 상하이 상하이
상하이 상하이 상하이
상하이 상하이 상하이

그리고 발은 서쪽으로 향하지만 이수성의
머릿속에는 동정에 대한 미련이 가득.

하지만 일단 이수성軍이 양잔에
이르렀을 때 치먼의 증국번은 초긴장.
안칭
황메이
주장
후커우
치먼
양잔
난창
헉, 나 여기 있는 줄 어떻게 알고 왔지?!
이 치먼이 기문 홍차로 유명한 그 기문이지….

아 놔; 병력은 전부 안칭에 가 있고, 여기 본영에는 사령부 인원밖에 없는데;
좌종당 씨는 위급상황에는 항상 기가 막히게 자리에 없군요.
굿 럭~!

나님도
드디어 벼슬 받고
일軍의 지도자行!!
좌종당은 1860년, 경당 벼슬을 받고
초군 창설 임무를 맡아 잠시 호북성 후방에.
Cho !

여기선 일단
재빨리 RUN이
상책이겠다.
아, 선생님, 여기서
도망치면 이수성軍에게
후방으로 가는 길을
열어줬다고 엄청 까일 겁니다.
생존
배낭

앞에서 영국의 패전 제독이
설명한 부분을 보면 아시겠지만,
적들은 육로 고속 행군을 위해 화포와
보급물자 운송을 포기한 상태일 겁니다.

우릴 공격하는 게 목표가 아니라
그냥 지나가는 게 목표일 테니까
우린 그냥 여기서 버텨주면 됩니다.
@#$%;; 저긴
또 어떻게 지나가지;;
그래! 용기를
내보겠어!!
화포도 없이 알보병 끌아박으며 싸우면
나중에 상하이 칠 내 병력 축나서
아까운데;;
식량은 어쩌지;;
더 깊숙히 들어가면
고립될 텐데;;
이수성軍의 우창 도달이
난망한 것으로 확인됨에 따라,
아오! 천하의 이수성이
목표의 반절도 못 왔냐?!!

1861년 4월, 진옥성은 군을 물려 퇴각.
희유;;!
죽다 살았네;;
다음에 우창에 올 때는
영국 회사의 장강 페리를
이용해보시도록!
하지만 스트레스성
위염이 폭발하네;;

진옥성이 군을 물리자,
이수성도 바로 퇴각.
여읏시!!
남자는 베짱이네!
기문 홍차는 사실
좀 밍밍해서 별로….

…이번 공세는 실패했지만,
아무튼 포위된 안칭은
구원해야 하지 않겠음?
이런 이런,
이번 작전에서 아무런
교훈도 얻지 못했나보구나.

안칭 같은 장강 강변 도시를 놓고 싸울 경우,
장강 수로로 수송하는 청군의 보급을
육로로 수송하는 우리가 이길 수 없어요~!

그러므로 우리는 이제 장강변 전투는 회피하고
육지의 더 크고 풍요로운 땅덩어리를 노려야 해!
그것은 바로 동정으로 절강성 정복! 상하이 입성!!

양저우
난징
허페이
창저우
쑤저우
상하이
우창
한양
안칭
어저우
항저우
황메이
주장
후커우
치먼
닝보
난창
타이저우
원저우
아오, 됐다.
안칭은 나 혼자 감.

증국전 네 이놈!
국전 가서
바가지나 써라!
1861년 5~8월에 걸쳐
진옥성은 안칭 포위를 뚫기 위해
증국전軍을 공격했지만.
Help~

요즘 국전은
클린하거든요?!
크읏
ㅠㅠ
증국전이 안칭 주변에 1년에
걸쳐 조성한 강력한 참호진을
뚫지 못하고 튕겨나간다.

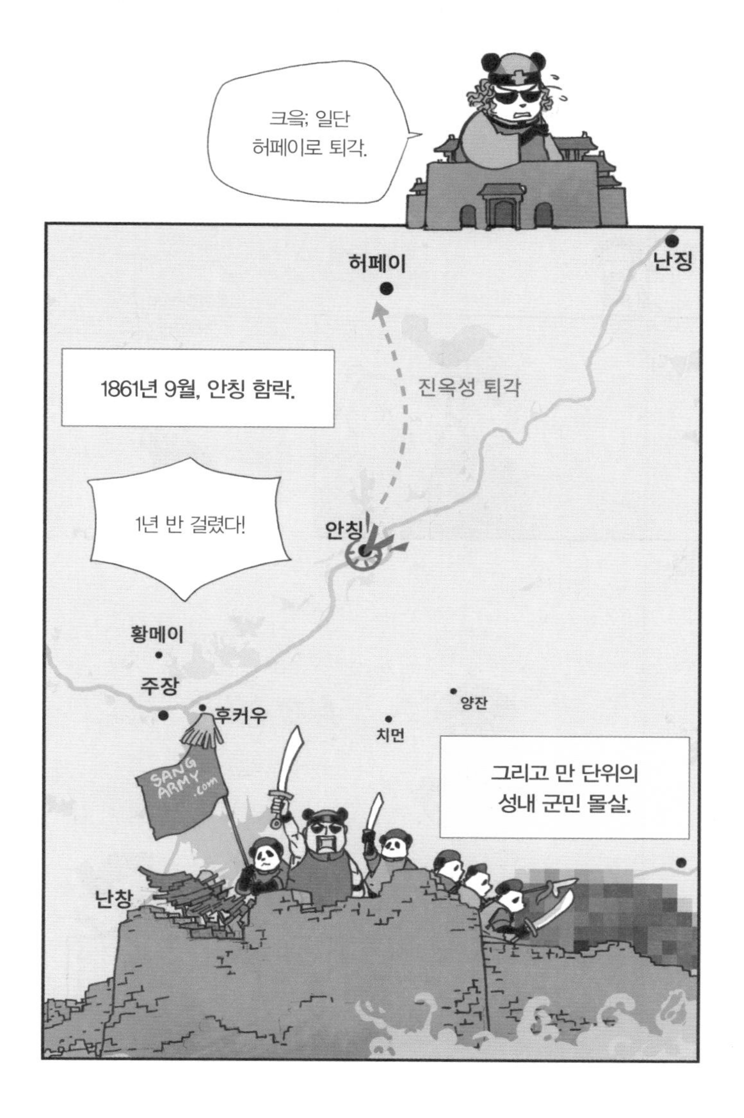
크윽; 일단
허페이로 퇴각.
허페이
난징
1861년 9월, 안칭 함락.
진옥성 퇴각
1년 반 걸렸다!
안칭
황메이
주장
후커우
양잔
치먼
그리고 만 단위의
성내 군민 몰살.
SANG
ARMY
.com
난창

장강을 따라 창사에서 안칭까지 오는 데 7년. 먼 길이었다. 흙흙
이제 난징까지 한 발자국!! 파이팅!!
이 양반은 언제 또 돌아왔대….

하지만 이 와중에 안타깝게도 호림익은 스트레스로 피를 토하고 죽었다.
…
스트레스성 위염이었을 듯.
두다다다다다

1861년 9월,
호림익 사망.

베이징에서 급보요!!
뭔 또 급보가….

황제 붕어!!!

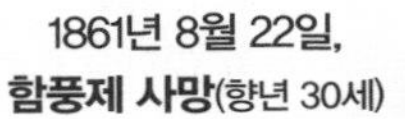

1861년 8월 22일,
함풍제 사망(향년 30세)

제 10 장

Hot River Run

일찍이 함풍제의 제위 초,
반부패 개혁 운동의 선봉장으로
중용된 숙순–

愛新覺羅肅順
숙순이라는 이름부터가 숙청 순조롭게 할 듯한 이름이잖슴?
황실의 먼 친척.

1857년, 과거시험 부정 사건을 처리하며 정승급 대신–내각대학사 백준의 목을 (물리적으로) 날린다.
과거시험 부정 처벌은 처형 외에는 없다!!

그리고 인사 정책에서, 지방과 군 고위직을 한족 유력인사들에게 개방해 태평천국의 기세를 꺾는 데 큰 기여를 한다.
이 나라는 만·한 구별 없이 모든 중국인의 나라입니다!
조정에서 숙순 대감이 밀어주지 않았으면 상군의 유지는 불가능했을 거라고요!

무능한 세금 도둑
밥버러지 새끼야!!
ex) 어느 군사 회의 때
관군 장수를 발로 차서
처형당할 뻔했던 좌종당을
숙순이 손을 써서 풀어주기도.

그런 성과들을 바탕으로 함풍제의 신임을 한몸에 받은 숙순은
정국을 주도하는 권신으로 위세를 떨친다.

반부패 칼날 앞에서 뒤가 켕기는
사람들은 납작 엎드릴 수밖에 없죠.
굽신굽신

하지만 1860년, 영불연합군을 피해
함풍제를 데리고 열하로 도망치면서부터
숙순의 권위에 살짝 금이 가기 시작.

열하 RUN!
음?

황실의 피난, 원명원 소실, 베이징 함락이라는 미증유의 국치를 맞이해, 누군가는 책임져야 하지 않나?
정권 잡고 휘두르던 권신이 당연히 책임져야….
이 개판을 뒤로하고 자기는 폐하 모시고 안전한 열하로 튀다니!

숙순의 반부패 숙청에 두들겨 맞았던 관료의 다수가 베이징에서 숙순에 대해 반격의 칼날을 갈기 시작.

베이징 내 안티 숙순–국정 쇄신의 여론은 베이징에 남아 난국을 수습한 공친왕에게 모아진다.

그에 비해 황제의 동생이면서도 위험을 무릅쓰고 베이징에 남아 협상을 이끈 공친왕 전하는 얼마나 훌륭하신가!!

음;;

BUT

황제가 없는 베이징에서 대장 노릇하는 나님에게 조야의 신망이 모인다는 건….
황제의 동생이라는 입장에서 대단히 부담스러운 것이잖은가;
저 쪼잔한 형님의 심기를 생각하면;;;
…

그래서 공친왕은 곤란한 입지에서
벗어나기 위해 열하의 함풍제에게
자금성 환궁을 재촉한다.

형님 폐하!
양놈들 다 물러갔고,
자금성도 대청소했으니
빨리 돌아오세요!!

...

숙순 입장에서는 베이징으로 돌아가는 즉시
패전 책임론, 국정 쇄신 용퇴론에 직면할 것인지라-

환란 책임자
처벌!!
권신 추방!
국정 쇄신!!!

So-

저;
서둘러 베이징으로 돌아가는 것보다는
열하에서 좀더 상황을 지켜보는 게
좋지 않을까 싶습니다;
...

영불연합군 병력이 아직 톈진에 남아 있고 함대가 발해만에 있으니 어찌 안전이 확실하다 하겠습니까;
그리고 베이징에 가시면 신임장 제출하겠다는 영불 공사들을 친견하셔야 하는데 속 뒤집혀서 그놈들 어떻게 보시렵니까;
폐하! 기념사진 같이 찍읍시다요!
…ㅇㅇ 그건 그렇지….

사실 나님도 베이징에 돌아가고 싶지 않아…. 무슨 낯으로 돌아가겠나;;
백성들 버리고 튀셨다가 다 끝나니까 돌아오시네.
빤쓰 런 황제.
수군수군

그리하여
함풍제의 베이징 귀환은
당분간 지연되고.

뭐, 이런저런 제반 여건상 쉽게 움직일 때가 아닌 거 같아;; 나님 건강도 좀 안 좋고;;
엥?

숙순은 열하에서 장기 농성을 준비한다.

피서 산장 리모델링도 좀 하고.

베이징 최고의 연예인들을 불러와서 매일매일 화려한 디너쇼를 진행.
폐하께서 지루할 틈이 없게 만들어드리고,

자금성 주방을 그대로 옮겨와
매일매일 끊이지 않는 코스 요리.

술 창고에는 천하에 이름 높은 명주들을 가득 채우고.

그리고
뭐니 뭐니 해도
결국—

여자!

전국 각지에서
미녀들을 모집해
올려보내도록 한다.

하지만 숙순의 이런 수작은 또 다른 적대를 불러왔으니.

오늘의 지명
부탁드리옵니다~
...

마마,
저 숙순인지 섹순인지 하는 놈이
포주 노릇 하며 여자들 계속
입궁시키는데요;;
어떻게든 저 수작,
박살을 내야–
…황제의 비빈은
결코 질투심을 가져선
안 된다오;;

의귀비 엽혁나랍씨 행정 (26세)

효정현황후 뉴호록씨 (24세)

아니, 질투 어쩌고
문제가 아니라 훨씬 더
중요한 문제란 말이죠!

함풍제는 정실부인인 효정현황후와의 사이에서는
자식을 보지 못했고,

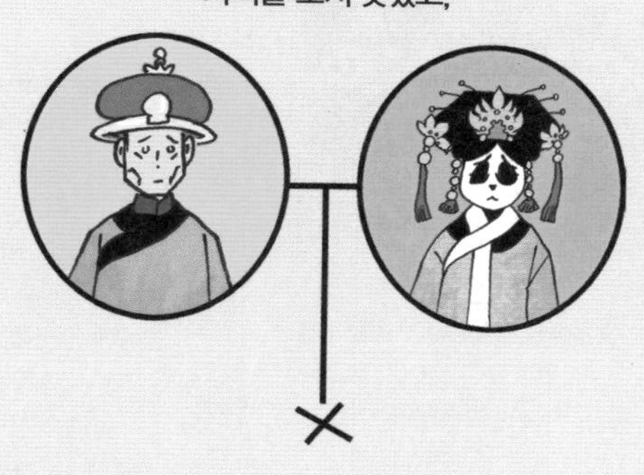

측실로 들인 의귀비와의 사이에서
유일하게 아들을 하나 얻는다.

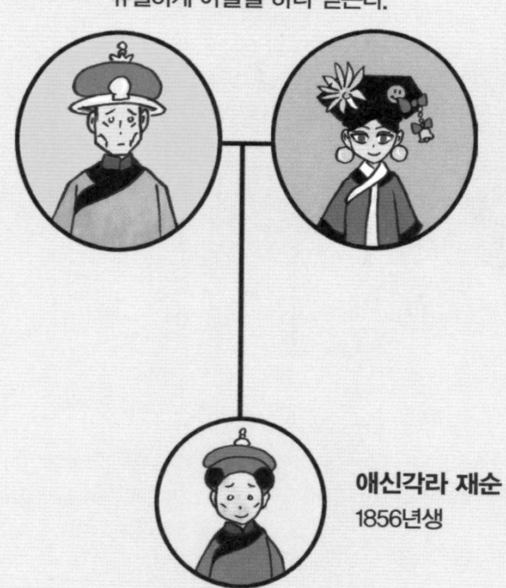
애신각라 재순
1856년생

그 외의 자식은 후궁 소생
딸 영안 공주 한 명뿐.

다른 후궁에게서 본 아들이
하나 더 있긴 한데
태어나자마자 사망했죠….

이 상황에서 숙순이 황제에게 계속 여자를 바치는 속셈은—

속셈이라뇨, 황제의 피붙이를 최대한 많이 늘이기 위해 노력하는 충심일 뿐이죠!

만약 숙순의 영향력하에 있는 저 여자들에게서 황제의 아들이 하나 태어난다면—

숙순은 황제의 신임과 자신의 권세를 백분 활용해 그 황자를 황태자로 만들 수 있습니다!!
아니, 황제의 자식들은 누구나 계승 경쟁에 참여할 수 있잖습니까? ㅎㅎ;

그렇게 다음 황제의 후견인이 되어 그 권세를 더욱 장대하게 이어나갈 속셈인 게죠!!
헐; 설마 그럴 리가;;
중화 5천 년의 일상다반사라고요!

아, 그리고 원래 한족 여성은
절대 입궁 금지인 게 황실 법도건만!
숙순이 법도를 무시하고 한족 여성들을
마구 들여오는데 말이죠!!
폐하께서는 만주 여자들 큰 발보다
한족 여자들의 전족한 작은 발을
좋아하신답니다~

저 한족 여성들 중에서도 가장 에이스들!
춘자 돌림의 네 명을 사춘이라고 부르며
폐하께서 밤낮으로 끼고 사신답니다!!
행화춘
무릉춘
해당춘
목단춘
四春
이러다 한족 여성이
황자를 낳는 초유의 사태가
벌어지면 어쩌렵니까?!
음, 그게 바로 숙순이 원하던
진정한 만·한 융합일지도….

황자의 어머니 의귀비가
숙순을 경계하며 미워하니–
하?
"누군가 당신을 이유 없이 미워하면
그 이유를 만들어줘라."

숙순 또한 의귀비를 경계한다.

음?
폐하, 조선에서 열하로
환란 위문 사절단을
보내온답니다.
저 여자가 왜 황제한테
저걸 보고하고 있지?
오, 역시
동방예의지국.

함풍제는 막대한 보고서와 상소를 읽기 귀찮아서
한문 독해 능력이 있는 의귀비에게
요약 발췌 리딩을 부탁하고 있었던 것.

※ 효정현황후는
만주 글만 알고 한문은 까막눈.

사절단 환영 만찬 식단에
김치를 추가하면 사신들이
엄청 좋아하겠죠?
오,
굿 아이디어.
하….

저 여자가 저리 정치를 좋아하고
정치에 관여하고 싶어 하니,
나중에 분명히 자기 아들을
황제에 앉힌 후, 치마폭으로 감싼 채
국정 농단에 나설 것이다!
한족 궁녀들 다
내쫓아라~!!

열하에서는 그렇게 숙순과 의귀비 간의 대립각이
점점 날카롭게 날을 세워가고…

국정 농단
예비 사범.
포주
ㅅㅅ 놈.

그러든 말든 함풍제는
매일매일 즐겁게 살아간다.

술!

여자!

각종 보약!
정력제!
효과는
모르겠지만;
호랑이 피

그리고 함풍제가 좋아하는 연극이
4교대 24시간 주야로 계속 이어진다.

理인가 ! 心인가!
그것이 문제로다!

옛 이야기들은
결국 사서로까지,
연극으로까지,
만화로까지
기억된다.

중화 5천 년의 수많은 군주와 영웅 호걸.

그들은 그 업적과 덕이 길이길이
읽히고 기억될 것을 알았다.

그것이 천명을 움직이는 원동력이다.

BUT…

천명을 잃은 군주도,
그 실패와 부덕이
길이길이 기억되리라는 걸 안다.
• • •
탈주천자

천하에 대해 오직 천자 혼자서
책임져야 한다.

하지만 부당한 책임론 아닌가!!
왜 나한테만 그러냐!!
시대가 이래놓은 시대인데!!
어이쿠;

그리 말할 거 같으면,

애초에 너님이 눈물 작전을 쓰면서까지
동생을 밀어내고
황제 자리를 원한 건 뭔가.

아무 책임 없이 무한한 권력만을
즐기고픈 노 양심 유딩 마인드로
역사의 무대에 오른 건가?

...
그랬던 걸지도
모르겠네;;

하지만 어차피 전근대
전제군주정의
한계 아니겠습니까.
뭐 어쩔 거야.
벌컥벌컥

#%S@

1861년 여름, 쓰러진 함풍제는
유언을 남긴다.

나님 죽은 후에,
아들 재순이 황위를 이을 텐데
나이가 너무 어리니(여섯 살),

숙순을 리더로
여덟 명의 보정대신을 임명하니,
보정 8대신은 어린 황제를 도와
정사를 주관토록 하시오.
명 받들겠사옵니다!
…쳇.

그리고 어보 두 개.
문서의 맨 위에 찍는 '어상'과
맨 아래 찍는 '동도당'.
이것들을 황자에게 물려줘야 하는데,

나님이 직접 판
도장들임.

황후에게 어상을, 의귀비에게 동도당을 맡기니,
황자가 장성할 때까지 그대들이 관리하며
찍도록 하시오.

명 받들겠사옵니다~!
…칫.

이러면
대충 어느 한쪽에 권력이 쏠리지 않고
황자가 장성할 때까지 견제와 균형으로
정사가 잘 굴러가겠지….

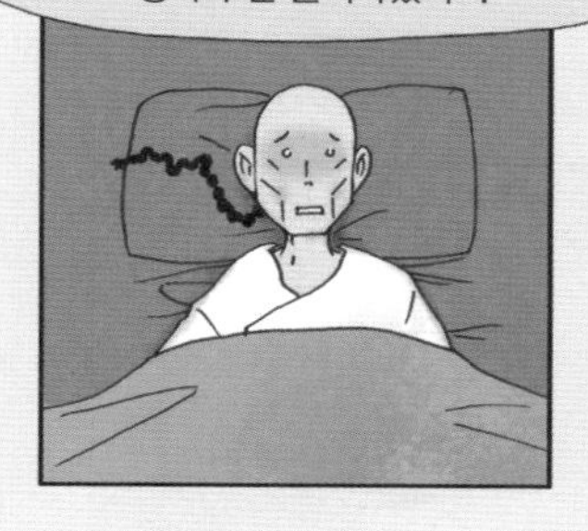

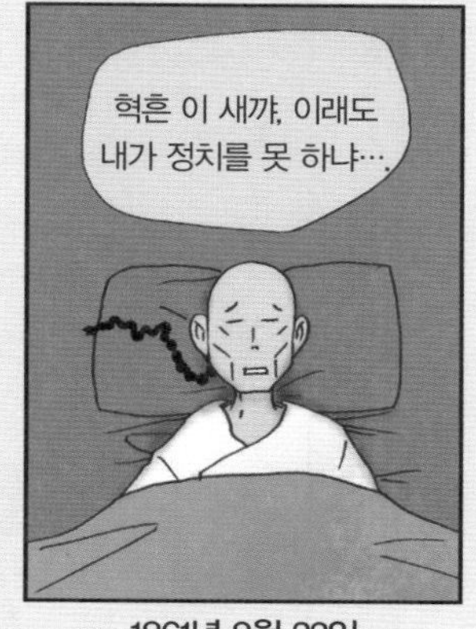
혁흔 이 새꺄, 이래도
내가 정치를 못 하냐….

1861년 8월 22일,
열하에서 함풍제 사망(향년 30세)

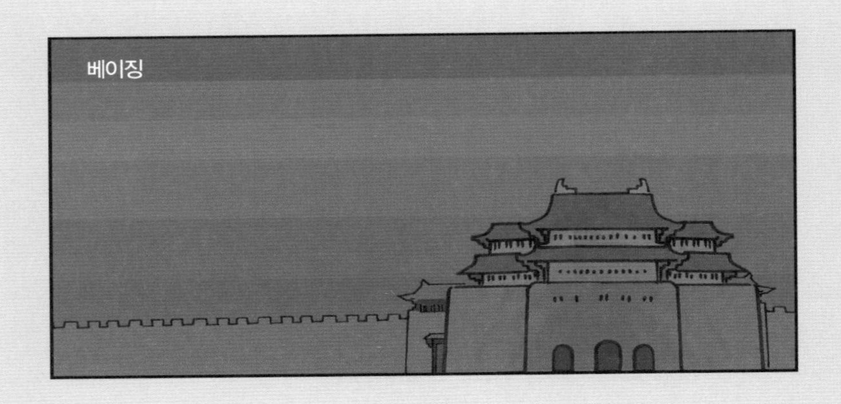
베이징

젊은 나이에 심신이 망가져
먼저 가신 형님 폐하의 영전에
술 한잔 바칩니다.
함풍제….

ㅎㅍㅈ!!
함포에 두들겨 맞은 **함포제!!**
하품 나오는 **하품제!!**
히프제!!
숙순 엉덩이에 뽀뽀나 해라!
전하, 슬슬 준비를….

제 11 장

신유정변

1861년 9월,
함풍제 서거 이후─

새 황제를 모시고 보정대신과 태후들이
첫 어전 회의를 연다.
─하여, 새 연호는
'기상祺祥'으로 정하였사옵니다.

아니, 그러면 우리 폐하께서
앞으로 '기상제'라 불린단 말이오?
뭔가 아침에 일찍 일어날 것 같고,
황제가 일기예보를 해야 할 것 같은
이름이잖아요!!
아무튼
그리 결정 났사오니
부디 어보를
찍어주시옵기를─

결정이라니?! 당신들끼리 결정?!?
도장 찍어줄 두 태후를 빼고 결정이라니 가당키나 한 소리오?!

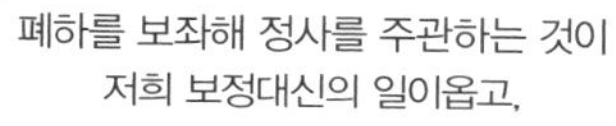

폐하를 보좌해 정사를 주관하는 것이 저희 보정대신의 일이옵고,
거기에 도장을 찍어주시는 것이 두 태후 마마의 성은이시옵니다.

아니, 그러니까 선황께서 태후들에게 도장을 관리하라고 맡기신 뜻은, 도장이 제대로 된 결정에 찍힐 수 있도록 국정을 관리 감독하라는 뜻이잖소이까!!
아, 뭔가 오해가 있으신 것 같은데요, 도장을 관리하라는 유지는, 문자 그대로 도장을 어린 폐하께서 떨어뜨려 깨뜨리시거나 놀이터에서 잃어버리거나 삼키지 않도록 물리적으로 잘 관리하라는 뜻이죠!
확대 해석하면 안 됩니다!

아니, 어린 황제의 모후들이 어보를 관리한다는 게 수렴청정을 돌려 말하는 관용어구라는 걸 일일이 설명해줘야 함?!
아, 청나라에는 수렴청정 없습니다.
강희제 할머니가 수렴청정 했거든요?!!
아, 그거 수렴청정 아님. 보정대신 체제였죠!

'상하의 예를 잊고 고성이 오가는' 어른들 싸움에 어린 황제는 크게 놀라고.

히끅!;;
으앟아아앟아앙!!;;
아 놔! 대청 황제가 어전 회의에서 오줌 지리게 되어 있나요!!?! 앙?!!
영국 공사관 가서 소금 받아오시려오?!
원, 어린애가 겁먹고 좀 그럴 수도 있지; 쫄지 마세요.
황상이 지리는 곳이 곧 화장실입니다.

친모는 황제에게 매우 엄혹했다고 하고, **의모는 황제에게 오냐오냐했다고 함.**

아무튼 저희는 이만~
도장 건은
잘 부탁드립니다~

크윽

숙순 이 자식-
두고 보자~

빠드득
빠드득

근데 의귀비를 저렇게
화나게 만들어도 되는 걸까?
명색이 태후인데;;
이빨 가는 뿌드득 소리가
여기까지 들리네;;
저 여자의 권력욕은
처음부터 싹을 밟아놓을
필요가 있어요.
이빨 튼튼한 거
보니 장수할 듯.
뭐 태후라고 해봤자
움직일 수 있는 병사 한 명,
공문 보낼 부서 하나 없는
의전 서열일 뿐.

보정 8대신 선임
숙순의 친형 단화

진짜 경계해야 할 대상은
베이징의 공친왕이죠!
어린 임금의 강하고 유능한 숙부라니,
좀 지겨운 클리셰잖습니까?
…

이제 새 황제를 모시고
베이징으로 환궁하자마자,
공친왕과 그 라인을 신속하게
숙청할 필요가 있음.

전후 처리 과정에서
꼬투리 잡을 거리야
차고 넘치죠.

그 공친왕이 형의 영전에 향을 올리기 위해 베이징에서 열하로 달려왔을 때….

아이고~ 형님!!
괜히 황제 같은 걸 하셔서
이리 요절하시다니~!!

숙순 일파의 감시를 피해–

원, 그럼 베이징에서
새 폐하의 환궁을
기다리겠습니다–
아, 도련님,
초상집 오셨는데
육개장은
드시고 가셔야죠.

젊은 과부 형수와 시동생이
뜨거운 눈빛을 교환.
아, 형수 마마.
감사합니다–
...

…!

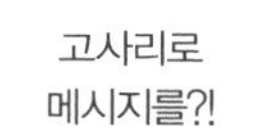
고사리로
메시지를?!

KISS

위이잉
Kiss?;;;

의귀비가 공친왕에게 전해준 육개장에 쓰인 메시지는 'Kiss'입니다.
잉?

ㅎㅎ, 뭐, 황실 역사에 젊은 과부 형수와 시동생 간 열애 스캔들이 드물지 않지.
막장 드라마 루트를 타준다면야, 우리한테는 고마운 일!
이 또한 클리셰로구나~ㅎ
….

• • •
Kiss가… 아니야….

몇 숟가락 떠먹으면 비로소 드러나는 고깃조각으로 완성된 메시지는–

Kill S. S.

Kill Sook Soon….

서로의 마음을 확인한 형수와 시동생은
열하와 베이징 간 비밀 채널을 구축.

베이징 쪽 세팅은 준비되었으니,
이제 환궁만 하시면 됩니다.
ㅇㅇ, 베이징 환궁 일자가 11월로 정해졌으니, 환궁과 동시에 거사를 진행합시다.

군기처의 연락관인 허경신이
열하와 베이징을 오가며 메시지를 전달한다.

공친왕은 베이징에서 안티 숙순 관료·귀족 들을 규합.

11월 중순, 열하에서
폐하와 조정이
환궁합니다.
(열하)
청더
진저우
베이징
퉁저우
산해관
톈진
베이탕
다구
다롄

장성 너머까지는 숙순 일파가 장악한 열하 방면 병력의 관할 구역이지만,

(열하)
청더
진저우
베이징
퉁저우
산해관
톈진
베이탕
다구
창저우
옌타이
장성을 넘어오면서부터는
베이징의 중앙군 관할 구역이니,
넘어오자마자 일을 진행해야겠죠.

중앙군
병력 동원을 맡아주실
우리 승보 대감입니다.
지난번 전투의 부상은
괜찮으신지요?
서양 총알 따위,
된장 좀 바르면
걍 녹아 흡수되는
철분보충제일
뿐이죠. ㅎ
근데 중앙군 사령관은
승격림심- 승왕 전하
아니었나요?
쳇
아, 승왕은 팔리교 전투 패배로
선황께서 해임하셨죠.
그래서 지금은
나님이 사령관ㅋ

후, 지금까지 공직 생활하며
감사당하고 면직당하고 체포당한
흑역사 중 상당수가 숙순 일파의
정치 게임 때문이라는 느낌인지라-
개인적인 원한이 좀 있죠….
아니,
딱히 숙순 때문에
그리 된 것 같지는
않지만….

거사 계획이 태후 측에 전달되고—

ㅇㅋ.
베이징 환궁! 출발!

1861년 11월 2일,
열하의 황제와 조정, 베이징을 향해 출발.

양놈들 피해 도망쳤다가
열네 달 만에 환궁;;

보정 8대신의 선임인
단화·재원 등이 황제와
두 태후를 모시고 간다.

청더
(열하)
진저우
베이징
퉁저우
산해관
톈진
베이탕
다구
다롄

그에 뒤이어 숙순 등이
함풍제의 시신을 모시고
하루 늦게 후발대로 따라온다.

이렇게 보정 8대신들을 앞뒤로 흩어놓으면
한번에 당할 리스크를 줄일 수 있지.

자금성 입성 즉시 경비 지휘 체계
우리 라인으로 싹 교체하고,
천안문 도어락 비번 바꾸고,
카드키도 다 교체하고.
ㅇㅋ ㅇㅋ,
산전수전 다 겪은
우리 고명대신들이니
걱정 ㄴㄴ!

11월 11일 저녁, 황제 일행은 베이징 반나절 거리 역참에 도착.
청더
(열하)
진저우
베이징
퉁저우
산해관
톈진
베이탕
다구
다롄
이제 다 왔다.

이날 저녁,
의귀비는
보정대신들에게
만찬을 베푼다.

원, 그간 껄끄러운 일도 있었지만
어쩌니저쩌니해도 함께 고생 많았어요.
우리 열하 패밀리 파이팅!
원,
황송하옵니다~

태후가 건네는 독한 술을 연거푸 들이켠 보정대신들은 곯아떨어지고.
드르렁

다음 날 아침 늦게 일어나보니-

알람 왜
안 울렸지?!!?
폐하와 두 태후 마마께서는
기다리다 먼저 궁으로
떠나셨습니다.

재원과 단화는 허겁지겁 입궁.

궁에 별일 없지?

자금성 문지방을 넘자마자
체포당한다.
뭐, 뭐냐?!!
쿠데타다!!!

11월 12일 새벽부터 이미 반숙순파 대신·귀족 들이 자금성에 집합해 있었고,

이들 앞에서
두 태후는 숙순 일파의 불충과 전횡을 규탄.
보정 8대신의 파직과 체포를 명한다.

보정 8대신은
부정 8대신이니라!

뒤따라오던 숙순도 이날 밤, 숙소에서 자다가 구속.

그치들이
반 박자 빨랐구나!!
큭;;

그렇게 체포된 보정 8대신 중 다섯 명은 파직·유배 처분.

성은이
망극하옵니다~;
휴; 그래도 피라미로
분류된 덕분에 살았구나;

보정 8대신의 선임인 재원과 단화에게는 자결 명령.

목 매는 건
맨 정신으론 힘들지.
막잔 합시다.
아, 이번 일 계기로
난 술 끊었수다.

숙순은 참수형에 처해진다.

간신 모리배
꼴좋다!
숙청 좋아하다가
결국 숙청으로
가는구나!
환란 주범!!
국치 원흉!!

…권력에 미친 과부와
황숙의 천하—
나라 꼴 참 잘 굴러가겠구먼!

1861년 11월 18일, 숙순 참수.

썩둑

그 시체는 수많은 안티들에 의해
잘근잘근 씹혀 분해되었다고 한다.

그리하여 권력은
두 태후와 공친왕의
연립정권으로.
드디어 공식 수렴청정입니다~!
삼두정이냐;;
중국인들이 만만디 만만디 하지만
정변은 전광석화로 해치우는군요.
아, 칭찬 아님.

공친왕은 재상 격인 의정왕에 임명되어 정치를 주도한다.

사실 원래는
의정왕이 아니라
섭정왕을 바랐지만-

수양대군
thing 같은 건
안 하니까 걱정 ㄴㄴ!
예친왕 도르곤
순치제
섭정왕으로 무시무시한 권세를 휘두른
순치제의 숙부 도르곤의 선례 때문에
부담스러워 무리였죠.
음, 저건 무리다….

그리고 숙순 일파가 정한
연호 '기상'은 폐지.
'동치同治'를 새 연호로 정한다.

同治帝
동치제
뭔가
시원 짭짤한
느낌의 연호죠?

모후황태후는 자금성 내전의 동쪽 전각에 입주.
어휴, 도배 다 새로 해야겠네;;
동쪽 전각의 태후 마마니까
東太后
동태후

성모황태후는 서쪽 전각에 입주.
※ 황제의 생모.
서쪽 전각의 태후 마마니까-
西太后
서태후
서태 Who?
You must comeback home~!

제 12 장

머나먼 상해탄

자, 이제 정권을 잡았으니
당면한 과제들을 하나씩
살펴볼까나요~
HIER

일단 남쪽의 장발적 근황은
어떻게 진행 중인가….
장발적 근황은
좋은 소식과
나쁜 소식이 있습니다.

멘털 건강을 위해
나쁜 소식부터
먼저 좋은 소식부터
말씀드리자면-

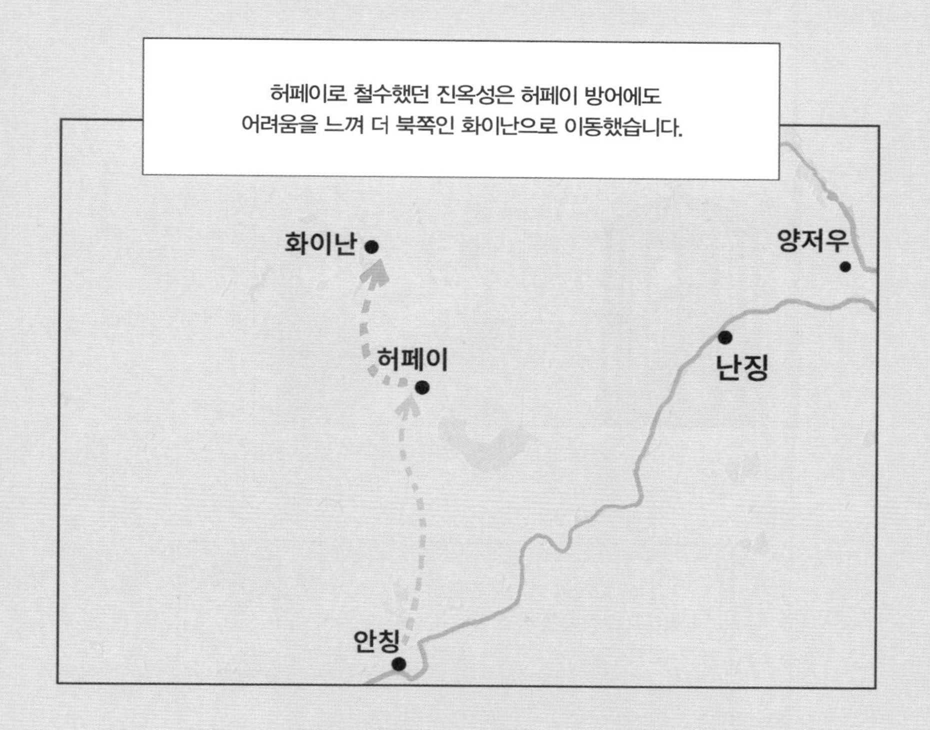
허페이로 철수했던 진옥성은 허페이 방어에도
어려움을 느껴 더 북쪽인 화이난으로 이동했습니다.
화이난
양저우
난징
허페이
안칭

화중 지역 염군 두목 중 하나인 묘패림이 일찍이
진옥성에게 복속해 태평천국 작위를 받은 적이 있거든요.

묘~ 브라더! 염군 세력을 규합해 반격을 꾀해보세!
오우~! 웰컴!

철컹
잉?
ㅎㅎ~ㅈㅅ~

그런데 사실 묘패림은 승보에게 매수되어
이미 청군 쪽으로 전향해 있던 것!

이 더러운 염군,
염병 마피아
통수 쓰레기 놈아!!
잘 잡아서
굿잡~

묘패림은 진옥성을 잡아 승보에게 넘깁니다.

산동 지역의 염군 조직들이 원래
태평천국과 동맹을 맺고 있다고는 하지만~
요령
산서
산동
감숙
섬서
하남
강소
안휘
사천
호북
절강
복건

돈에 따라 자주 편을 바꾸는
놈들이라, 청조에 붙는
놈들도 종종 있습니다.

그리하여
장발적 괴수 진옥성!
1862년 5월,
승보에 의해 처형!

능지형 우웩;;

좋은 소식은 ㅈㅇㅅㅅ.
진옥성死도 ㅈㅇㅅㅅ.
그래서 좋은 소식이구먼!

그리고
나쁜 소식은-

1862년 1월부터 이수성이 2차 동정 공세를 개시.
항저우가 함락되며 장옥량 자결.

이번엔 상하이 꼭 딴다!!
10만 대군이다!!!

미친놈아. 그걸로
진옥성이나
도우러 가지;;

헉;;

양저우
난징
창저우
쑤저우
상하이

강소·절강의 반절이 적에게 넘어가고,
상하이와 닝보도 위험한 상황입니다.

항저우
닝보

재작년과 마찬가지로
이번에도 상하이는 서양인들의
도움 없이 지키기 힘들 것….

BUT, 위기를 기회로 삼는 묘수!
서양인들의 이익이 걸려 있는
상하이 방어를 촉매 삼아,

장발적 토벌에 서양의 협조를
구하는 쪽으로 방향을 잡아보자!

기분은 더럽지만,
원한은 잊고 광신 폭도
토벌을 위해
힘을 합칩시다.

오, 쿨내 쩌네!

쿨한 남자와는
언제나 친구가 될 수 있죠!

So, 상하이에 지원 병력을 보내
서양인들과 협조해
방비토록 하라.

양놈들한테
그리 줘어 터지고도
협조를 구한다니;
공친왕은 밸도 없나;;
Bell은 없어도
Ball은 있겠죠.
공친왕이니까

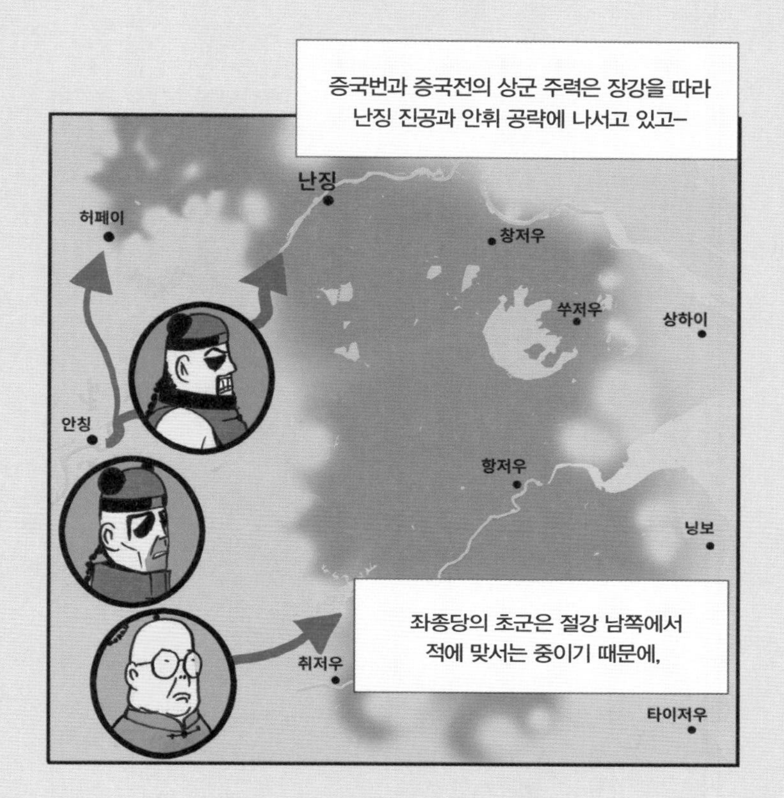
증국번과 증국전의 상군 주력은 장강을 따라
난징 진공과 안휘 공략에 나서고 있고-
난징
허페이
창저우
쑤저우
상하이
안칭
항저우
닝보
좌종당의 초군은 절강 남쪽에서
적에 맞서는 중이기 때문에,
취저우
타이저우

상하이로 보낼 수 있는 지원 병력은,
그간 이홍장이 고향 안휘성에서 모집해
준비한 회군!
오!

회군 8천! 정식 출범!
이홍장은 강소 순무 서리로서
상하이 방면 작전을 주관토록!
나님도
드디어 일군을 이끌고
전쟁을 지휘하는구나!!

1862년 4월, 이홍장은 회군을 이끌고 장강을 따라 상하이行.

양저우
난징
허페이
창저우
쑤저우
상하이
안칭
항저우
닝보
이저우
상하이에서 보내준 증기선들에 병력 탑승, 영국 국기를 달고 화물선으로 위장해 난징성 턱밑을 통과했죠.

상하이에 파워 도착!
서양인과 협조하기 위해 우선 그 서양 용병 대장을 만나봐야겠군요!
아, 그 양창대 대장 Mr. 워드는 수술을 마치고 상하이로 복귀하다가-

영국 함대의
호프 제독에게
체포당함!

불량배 용병 집단에 영국군 탈영병들을 고용한 죄.
영국제 무기 불법 밀거래.
미국인인 죄.
선량한 미국 시민을 이리 불법 체포해도 되는 거요?!
패배자 찌끄러기가 출연 분량은 참 어거지로 챙기네.

그리 체포당한 걸 어찌저찌 손을 써서 빼내왔습니다.
고마운 줄 아신다면, 이제 양창대는 상군 예하 부대로서 제 지휘를 잘 따르시길.
음…

미안하지만
우리 용병들은 자유로운 영혼이라,
그렇게는 못 하겠소.
그리고 용병들이 중국어 명령을 못 알아듣는다는 현실적인 문제도 있으니까, 영어를 좀 배워오시면 생각해보죠.
쳇;
영어회화 100일의 기연

※ 1862년, 상하이에
외국언어문자학관 설립.

이수성은 상하이 코앞에 대군을 전개시키고
주변 지역을 하나씩 함락하는데,

양놈들아! 상하이 현성만 넘겨주면
너네 상업지구는 안 건들겠소!!
아니면 10만 대군 받아볼텨!?
저런 개소리 귀에 담지 마시고,
양놈 님들, 장발적에 맞서
함께 싸워주실 거죠?!
상하이 방어에는 나서겠지만,
그 이상의 군사 행동은 무리오.

상하이의 영불연합군 협조 획득도 난항.

이홍장은 휘하 1만여 남짓 병력으로 이수성軍에
맞서 강소·절강의 요충지들을
지키기 위해 노력해보지만—

이씨면, 어디 이씨냐?
멋쟁 이씨인데,
넌 몇 년생이길래
이리 말이 짧냐.
23년생인데.
나도 23년생인데.
난 빠른이다.
중국에 빠른이 어딨어,
ㅂ딱아.

10만 대군은 뻥이지만
적어도 5, 6만에 달하는
이수성軍의 전방위 공세에
회군은 도처에서 밀려나가-
쑤저우
상하이
봄, 닝보가 함락되고
상하이 주변 전 지역을
상실한다.
항저우
닝보
진옥성의
복수다!!
진옥성 복수는
서북 쪽으로 가야지, 미친놈아!
9월, 닝보를 수복하기 위해
양창대가 출동했는데-
대장, 대장이 남부연합
지지자라는 소문이
자자하던데요-
사실 저도-
아니라고!
똘빡아!!
크억!!
White Power!!!
으헉?!
1862년 9월 22일,
워드 전사
퍽

워드의 전사로, 부대장이었던 버지빈이
양창대의 새 지휘관이 된다.

중국인들과의 계약과
돈도 다 내가 승계함. ㅎ
Henry
Andres
Burgevine

…양창대 새 지휘관은 혹시
나님 말을 잘 들으려나~
헬로~ 양창대
새 지휘관 씨~
음?

버지빈은 아예 대놓고 중국인 약탈과 인신매매 등의
수익성 전쟁 범죄에 몰두하는 쓰레기였다.

아, 바쁜데
뭔 일이쇼?
끄아악!?

야, 이 !%$@ㅅ#ㄲ$#0야!!
그따위로 굴 거면 나가!!
이 개@#$%!!
Oh, I can't 언더스탠드 Chinese.
Speak English Plz~
양창대의 전쟁 범죄는
서양인들에게도 안 좋은
화젯거리가 되었고.
인간 말종 쓰레기 용병 놈들이
서양 체면에 똥칠하고 다니는 듯.
체포해야
된다니까.

이는 중국과 서양 간의
거래에 어떤 영향을 끼칠 것인가.

오, 서양 군함 쩐다!!
50% SALE!
WALL OF
WARSHIP

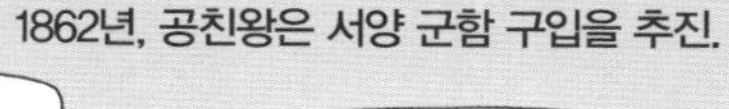
1862년, 공친왕은 서양 군함 구입을 추진.

역시 군함이 있어야
바다도 지키고,
관함식도 하고,
일퀘빵도 돌고.
탁월한
견해이십니다!

해관세무사 **로버트 하트**
Robert Hart

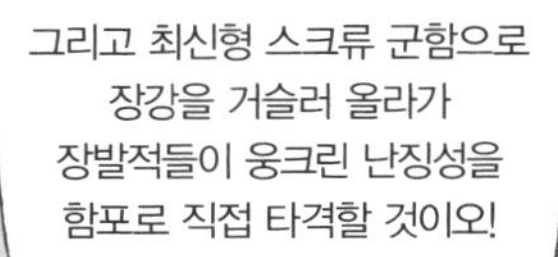
그리고 최신형 스크류 군함으로 장강을 거슬러 올라가 장발적들이 웅크린 난징성을 함포로 직접 타격할 것이오!

강에서 쓸 용도의 군함이라면 수륜선도 몇 척 구입하시는 게 좋을 것 같습니다.

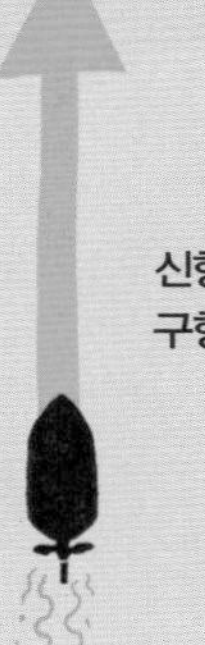

보통 바다에서는
신형 스크류 추진 방식이
구형 수륜 추진 방식보다
빠르지만—

스크류 추진 방식은
선회할 때
넓은 공간을
필요로 하는 반면,

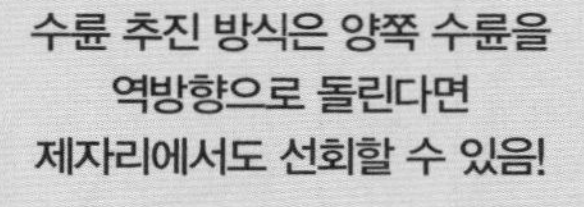
수륜 추진 방식은 양쪽 수륜을
역방향으로 돌린다면
제자리에서도 선회할 수 있음!

하천처럼 공간 제약이 있는 곳에서
유리한 부분이죠.

오호!

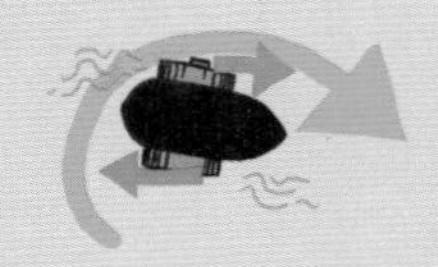

So, 군함 좀 파시죠!

올~ 얼마까지
보고 오셨나요?

140만 은원.

아이고, 나으리;;
그간 무례해서
죄송했습니다;;

그리하여 중국에 대한 군함 판매와 운용 인력 지원 승인이
영국 의회에 의제로 올라오고.

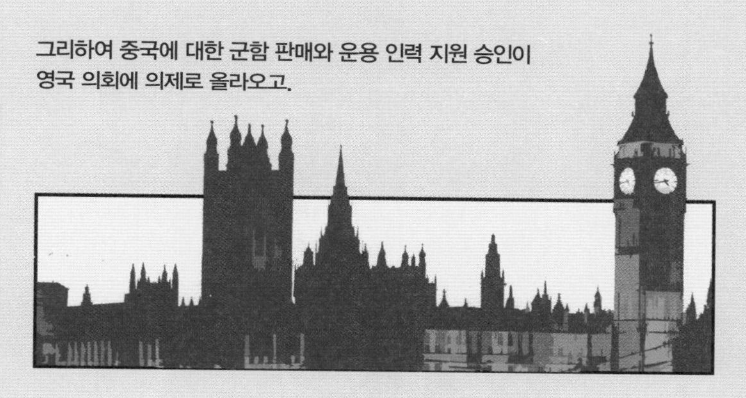

결국! 내가 옳았던 것이다!!!
중국의 문짝을 그리 두들겨 뜯어냈더니
이렇게나 훌륭한 고갱님으로
변모하지 않았는가!!!
...

위대한 영국 공업력의 광명을
중국 놈들에게 선사하자!!
그 군함들을 운용할 인력은
오스본군을 제독으로 삼아서-
잠깐!
이의 있습니다!!

근간 중국에서 청나라가 고용한 서양인 용병들이
벌이는 만행으로, 중국 백성들 사이에 서양에 대한
평판이 바닥을 치고 있습니다!
근데 지금 또 서양인 용병들을
군함에 태워 중국에 보내겠다는 말입니까?!

그리고 무엇보다,
영국이 백성들을 야만적으로 대하는
전제군주정의 편을 들어줘야겠습니까?

저 무지몽매한 만주족 전제군주 체제에 비하면,
태평천국은 그나마 범기독교 윤리를 내세워
백성들을 인간적으로 대하는 체제 아닙니까?!

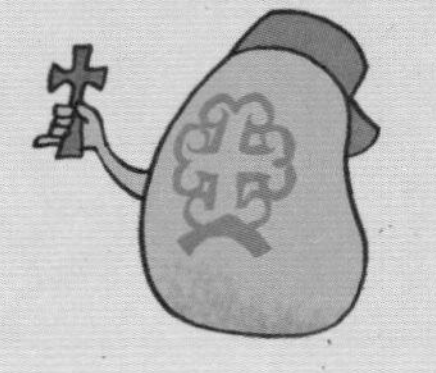

그러므로
영국은 저 중국 내전에
개입하지도 말고,
무기도 팔지 말고,

음?

으아아아아악
뿌그작 빠그작

자, 또
반대하는 사람 있나?
군함 판매와 운용 인력 파견 건은
일부가 반대했음에도 일단 의회에서 통과된다.

그런데 영국 내에서 태평천국을
사이비 광신도로 매도하는 시각이
주류였음에도,

미친 사이비 종교 집단
수뇌부의 비밀스러운
사생활!

일부에서나마 태평천국에
호의적인 시각이 있었던 것은-

태평천국에 대한 주류 언론의
비방에 가려 진실을 놓치고 계신
조국의 동포 여러분,

아편 금지, 전족 금지, 도박 금지를 행하는
종교를 사이비 광신도라고 한다면,
당신은 대체 어떤 쓰레기장에서
살고 있는 걸까요?!
천국TV
3:45

Augustus Frederick Lindley(22세)

린들리는 일찍이 상하이에서 무역일을 하던 중,
청군과 양창대의 만행에 깊은 혐오감을 느끼고,

元
저런 쓰레기들과
맞서 싸우는 자들이라면
당연히 정의의 편이겠지!

1861년, 뜻을 같이한 몇몇 서양인과 함께 이수성軍에 가담.

어서 옵쇼!!

태평천국의 작위를 받고 부대 지휘.
서양 무기 구입 등의 일을 맡는다.

무엇보다 서양식 군사 훈련이 중한 일이죠!!

또한 서양 쪽에
꾸준히 기고·편지 등을 날려,
태평천국 이미지 제고
선전전을 펼쳐나간다.

아, 진짜, 흑색선전만 믿지 말고 난징에 직접 와서 사람들이 얼마나 행복하게 사는지 직접 보십시오!!
중국의
누런 별

상하이의 서양인들을 난징으로 초청하는 난징 투어도 기획.

뭐, 그렇게 노력해서 영국 여론 일부에 영향이 없지는 않았지만, 결국 영국은 함선 판매를 승인했구먼요.
하지만 운용 인력이 영국인이니, 청 조정과 함대 지휘권 문제로 마찰이 없을 수 있겠습니까.

그러면 좋겠지만 장강이 청 수군에 의해 완전히 봉쇄되면 태평천국은 버틸 수 없을 게요.
그전에 상하이를 점령해 교섭 테이블에 올려서 서양 세력과 협상에 나서야 활로가 뚫릴 텐데….

이홍장도 더는 병력이 없고, 양놈들도 전쟁으로 상하이가 불바다가 되어서 가치를 잃는 것보다는 우리와 협상하는 쪽을 택할-
난징에서 긴급 명령입니다!!
잉?

뭔 또 긴급 명령이…

증국전軍 3만, 안휘를 휩쓸고 장강으로!
푸커우
난징
단양
창저우
쑤저우
상하이
후저우
항저우
5월, 난징성에 육박!

이수성은 즉각 全軍을 돌려
난징을 구원하라!
(난징에 있는 너네 가족의
안전을 위해서라도)
@#$%@!

베이징 95.4 FM 라디오

승격림심과 승보의 승승장구!

애독자분들 말씀 모시고 Q&A 가져보는 시간입니다.

독자의 질문: " 이 만화, <미스터 ㅅㅅㅇ> 배경까지 얼마나 남았을까요?"

<미스터 ㅅㅅㅇ>! 어렵게 나와준 근대사 시대극이죠! 그게 아마 1900년대 초엽이었던 거 같은데-
40여 년 남았군요….

…지금 등장인물들 중에 그때까지 살아 있는 사람은 얼마 없겠구먼.

크악! 분하다!! 이 만화를 조금만 빠르게 진행해서 <미스터 ㅅㅅㅇ>의 시대 배경과 동시대를 다룰 수 있었다면, 책이 베스트셀러가 되었을 텐데!

아니, 아무리 빨리 진행했어도 40년을 따라잡는 건 무리죠;;

…그냥 다음 장에- "그간 여러 가지 일이 있었지만 아무튼 1904년, 새해가 밝았습니다"-로 시작하면 어떨까요.

그러면 능지형을 받게 될 것이다. 아무튼 그 <미스터 ㅅㅅㅇ>이 대체 뭐야?

<미스터 ㅅㅅㅇ>을 모른다고요?! 오, 맙소사, 근대사 인물로서 부끄러운 줄 아세요.

…<미스터 ㅅㅅㅇ> 이라고 할작시면- ㅅㅅㅇ…
…<미스터 송시열>인가?!

…송시열이 레밍턴 리볼버를 휘두르는 드라마라면
호불호를 떠나서 반드시 볼 것 같긴 하군요….

"합시다. 북벌. 나랑. 나랑 같이."

제 13 장

우화대 전투

양저우
푸커우
진장
난징
단양
창저우
1862년 7월, 증국전軍 3만,
난징성 바로 옆 우화대 고지에 도달.
상하이
후저우
자싱
항저우

으어; 이건
3차 강남대영인가;;
그런데 이번 건
지난 1, 2차
강남대영과는
기반이 좀 다릅니다.

지난 1, 2차 강남대영은
조정의 재촉으로 관군을
난징성 옆에 무리하게
갖다 붙여놓은 모양새였지만,
ㅋ

지금 우화대에 자리한 증국전軍은 장강을 따라 차근차근 난징까지
정석대로 진격해온 상군 군세의 창끝이라 하겠습니다.

푸커우
난징
진장
단양
허페이
창저우
쑤저우
후저우
안칭
네놈들이 난징까지 밟고 간 길을 그대로 되밟아 왔단다!

So- 이수성! 충왕!! 빨리 돌아와!!! 난징을 구원해라!! 가족의 안위를 생각해라!! 안 오면 왕작 박탈한다!?!
아오;;
上海

이수성은 결국 상하이 전선에서 회군, 난징으로 돌아간다.

상하이 전선은
담소광에게 맡기고.
난징 쪽 금방 정리하고 올 테니 쑤저우 잘 지키고 있어라.
으읭 ㅂㅂ~
모왕 담소광
양저우
푸커우
난징
진장
단양
창저우
이수성 회군
쑤저우
담소광
상하이
후저우
자싱

그리고 난징 주변으로 13왕 13만 병력을 집결.

十三王軍

13왕? 뭔 왕이 이렇게 많습니까?
이 시기에는 세력 결집을 위해 왕작을 남발해서 왕이 열일고여덟 명 정도 된다.

증국전은 우화대 언덕 지형에
꼼꼼하게 참호를 파고 웅거 중입니다.

맞참호를 파고 조금씩 전진시켜
천천히 걷어내는 게 정석이죠.

…그건 너무 오래
걸리지 않나….

이수성은 빨리
상하이 전선으로
돌아가고픈 마음이
가득인지라—
상하이 상하이 상하이 상하이 상하이
상하이 상하이 상하이 트위스트 추면서
상하이 상하차 상하이 상하이 상하이
상하이 싱하형 상하이 상하이 상하이
상하이 상하이 상한가 상하이
상하이 상하이 상하이
되도록
속전속결…

때마침—

증국전 진영에 역병이 돌아서
병력 3분의 1이 쓰러졌답니다!
오오?!

이 기회를 놓칠 수 없지!
즉각 공격해서 겨울이 오기 전에
속전속결로 해치운다!!
아니, 저;;
역병은 우리 軍
진영에도 도는데요;;

1862년 9월, 태평천국軍,
우화대의 상군을 향해
총공세 개시.

13왕군 13만에
난징성 내 병력까지
합하면 20만
이상이라지…
20만이라는 건
뻥 아닐까;;;
뻥으로는 60만이라고
뻥치고 있던데.

적 20만에,
우리 병력은 3만.
그나마 역병으로 태반이
쓰러졌는데 말이죠;;
…
얘들아, 우리 여기서 지면
곱게 못 죽는다….

증국전軍은 이제껏 잔혹함으로 악명을 떨쳐왔으니–

태평천국군 포로 몰살,

태평천국 영내 초토화 작전, 민간인 학살 등등.

때문에 태평천국 장병들은
증국전軍이라면 치를 떨었으니.

증국전軍 놈들을 잡으면,
이 매뉴얼 대로 4박 5일에 걸쳐
천천히 죽일 것.

그러니까 끔살당하고 싶지 않으면
차라리 여기서
깔끔하게 싸우다 죽자!

아니, 근데 그 전쟁 범죄들은
다 보스가 시킨 거잖아요?!
어째서 우리까지 책임을 져야
하는 걸까요?!
아니, 솔직히 네놈들이
나서서 오버했지!!
내가 뭘 구체적으로
지시한 적 있냐?!
전쟁 범죄의 책임 소재는
그 불명확함으로 언제나
논란을 부르죠.

쿠쾅!
으헉?!!

태평천국軍의 일제 포격으로 공격 개시.

뻐벙

하지만 우화대
언덕의 참호에
그리 큰 피해는
주지 못한다.

쿵쾅쾅쾅
역시 현대전에서는 벽돌 성보다
흙 참호가 더 잘 버티는군요.

에잇, 역시 인해전술로
한번에
밀어버려야겠어!
그리 서두를
필요가
있을까요;;
이 대병력으로 꾸물거리면
온 천하의
비웃음을 살 것이다!

언덕 위의 상군 진지를 향해 태평천국군 제파 돌격.
가자!!!
밀지 마;

상군은
탄막 사격으로
응수.

투다다다당
Fire!!

이것도
너프해보시지!!
꽈광

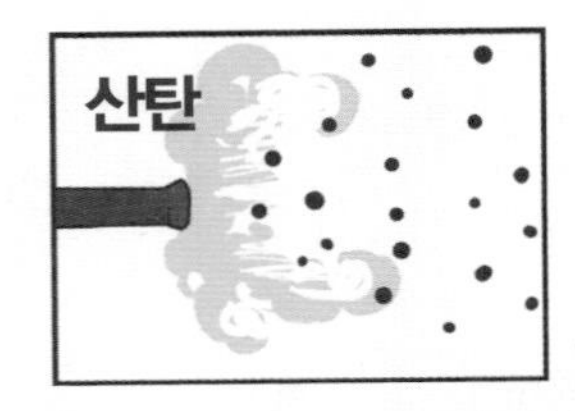
산탄

각종 사격·포격에 태평천국군 장병들이 갈려나가고,

꺄아아아악!!!

진격 의지 증발.

몇 차례의 공격이
큰 희생만 내며 연이어 실패.

크하하하!
우화대 디펜스
꿀잼이로구나!!

아니, 근데 저놈들은
탄약이 안 떨어진다?!
무한 핵 쓴 거 아냐?

아, 쟤네 탄약이
안 떨어지는
이유는요-

양저우
푸커우
난징
진장
단양
창저우
장강을 통해 계속 피스톤
보급을 받고 있기 때문이죠.
쑤저우
상하이
후저우
자싱

그리 보급이 넉넉한지라, 우화대의 상군 놈들이
난징성 옆의 태평천국군보다 더 잘 먹고 있는 판.
츄릅;;

음… 그러면 비장의 필살기를…
지난번 강남대영 박살 냈을 때처럼
대량으로 화약을 설치해
폭파시켜보자.

꽈광
으헑;;

BUT!
이 진흙 땅에서
화약 폭발시켜봤자
뭔 위력이 있겠냐 ㅋㅋ
아오오오옳;;
어째 뭔 발광을 해도
딜이 안 박히는 게야!?!
적이 가진 전술상의 이점도 이점이거니와,
아군의 전투력도 예전 같지 않습니다.

예전 같으면 화약 공격을 할 경우,
신앙심 투철한 용사가 화약통 둘러메고
기꺼이 자폭 공격에 나섰겠죠.

상제후아크바르!!

하지만 지금은 병사들에게서 그리
대단한 신앙심이나 신념을 찾아보기 힘듭니다.

화약통도 목숨을 우선시해 대충
멀찍이 던져놓고 올 뿐이죠.

태평천국 지도부가 목숨 바쳐
충성할 만한 가치가 있는 집단인지
스스로에게 물어보시죠.

성과 없이 시간은 흘러 11월에 접어들고.

아무리 강남이라 해도
11월이면 꽤 쌀쌀하죠.
감기 걸린다고요.

무의미한 손실만 늘어가고
병사들의 사기는 축축한 바닥에
찌그러졌고.
@$%!; 결국 FAIL인가;;
난징성 바로 옆에서 이게 뭔 고생이냐;

결국 1862년 11월, 이수성은 병력을 물린다.
이로써 한달 반에 걸친 우화대 전투 종결.
완스이!!! 완스이!!!!!
완승이지!!

아니, 어떻게 20만으로 3만을 못 걷어낸다?!! 충왕 이수성 거품이 이렇게 걷히나?!
면목 없습니다;;

앞으로 무슨 상하이고 어디고
엄한 데 갈 생각하지 말고
난징 방비나 철저히 하도록!!

강적에게 지는 건
부끄러운 게 아니에요~!

예;;

양저우
푸커우
난징
진장
단양
창저우
쑤저우
상하이
후저우
항저우

이수성의 상하이 드림은 물거품이 된다.

그렇게 이수성이 떠난 상하이 전선에서 이홍장, 반격 시작.
적들이 상하이 공격의
근거지로 삼은 쑤저우부터
뭉개버립시다!
...
푸커우
난징
단양
창저우
쑤저우
상하이
자싱
항저우

하지만 10월, 쑤저우로 가는 길의 쿤산-남북
두 방향 전투에서 모두 패배.
푸커우
난징
진장
단양
창저우
쑤저우
상하이
자싱
항저우
짜사! 나도 왕이다!
모왕 담소광!
구에에엑?!

아 놔; 우리 軍 드럽게 약하네;
근데 용병 양놈들-
양창대도 드럽게 못 싸우던데.
아, 양창대
이름 바뀌었어요.
상승군으로.
Ever Victorious Army
상승군은 뭔 %@#^@
ㅅㅅ군이냐?!!
이 쓰레기 양놈들,
돈 들인 만큼 밥값 해라!!
것보다
느그 대장은 대체
어디 쳐박혀서 계속
안 보이는 거야?!
으어;

하?
대장은 상하이의 도박장에 있지라~
국사무쌍 온다!!

상승군 지휘관 버지빈은 상승군의 패퇴가 거듭됨에도 군무를 팽개친 채 술과 도박에 쩔어 지냈고,

돈 빨리 안 내놔!? 돈이 있어야 싸울 거 아니야?!
아, 저, 회계 감사를 진행해야 할 것 같아서;;

회계 감사라니! 감사는 개나 앓은 질병이라고!
아 놔 저 쓰레기가; !#$!@#$!!
元

급기야 상승군에 자금을 대던 행수 양방을 폭행하고 자금을 갈취.

1862년 12월, 이홍장은 버지빈을 해임.
너 해고! 계약 해지! Bye Bye!!
그러면 부당 해고로 너 고소!!
이홍장으로부터 해고당한 버지빈은 이홍장을 계약 위반으로 베이징의 美 공사관에 고발.
이홍장도 버지빈을 美 공사관에 고발.
이역만리 타국에서 미국인이 외국인 노동자라고 부당 해고당하는 억울함을 풀어주십시오!!
저 쓰레기가 부대 자금 횡령하고, 전쟁 범죄 싸지르고, 임무 방기, 관헌 폭행까지.
아, 그리고 저 작자, 남부연합 지지자라던데요.

결국 美 공사관은 이홍장의 편을 들어줌.

ㅂㅂ~
…인간아, 나라 망신 시키지 말고 귀국이나 해라….
!$%!@#$

아무튼 그리되었으니,
상승군의 새 지휘관을
찾아야 하는데…
이번에는
참군인으로…

미국인은 후보에서 제외.

**제대로 된 미국 군인들은
다 남북 전쟁에 참전해 싸우고 있겠지.**

뭐, 결국 영국인이 무난하려나.
(영어도 계속 배워 써먹으려면…)
헬로우?
제너럴 스테블리?
잇츠 홍장 리.

아, 상승군을 맡아
지휘할 영국의 참군인을
찾으신다고요?
물론 가능!

중국 주둔 영국군 사령관 스테블리 장군

상승군을 영국의 영향권
아래 두는 게 여러모로
영국에 이득…
마침 적당한
놈이 하나 있지.

고든 대위!
Charles
George
Gordon
예, 부르셨습니까.

찰스 조지 고든(29세)
※ 2차 아편 전쟁 참전 후 중국 주재 中.

Ever
Victorious
Army를 지휘해라.

예? 아니
그 쓰레기 용병단을 왜 내가;;
안 해요, 안 해;
...

상승군을 지휘하지 않겠다면
중국에 있을 필요 없다.
돌아가라!
ㅇㅇ, 슬슬 중국
질린 참이었습다.

상승군 맡으면 소령 진급.
수영장 딸린 관사 제공.
…

까짓 거
한번 해보죠!

1862년 12월,
영국, 고든을
상승군 지휘관으로 지명.

제 14 장

실낙원

1862년에서
1863년에 걸친 겨울,
강남 지방은 보기 드문
폭설로 뒤덮인다.

광서 출신 장발적 수괴들은
눈이 무섭겠지!

그리고 봄이 오고,
새 명령이 떨어진다.

지난해, 진옥성이 죽으면서 상실한
서쪽 영토-안휘성 지방을 공략한다!
예?
양저우
진장
푸커우
난징
단양
허페이
창저우
쑤저우
허페이를 목표로
진격하도록!!
후저우
자싱
안칭
항저우

아니, 저기 지금,
우리 군이 허페이로
쳐들어갈 여유는
없을 텐데요!
삐~
Not
Connected

아, 간왕!
천왕께 안휘성 공세보다는
코앞의 우화대와 쑤저우 방면이
시급한 문제라고 말씀 좀
올려주세요!!
ㅈㅅ. 나님의 친서양 정책이
양놈들의 적대로 실패하면서
나님도 권력에서 밀려났어요.

지금은 천왕 폐하의 세자인
유천왕의 교육을 담당하고 있죠.
애한테 뭘
가르치는 겨.
"백성의 머리는 쓰다듬거나
자르거나 둘 중 하나다.
중간은 없다."
노량진
군주론

유천왕 홍천귀복

천왕께서는 내전에 처박혀 기도실에서 이상한 방언 기도만 중얼거리시고 계신 지 오래입니다.
알라깔라또깔라비또깔라비띠 알라깔라또깔라비또깔라비띠 알라깔라또깔라비또깔라비띠 알라깔라또깔라비또깔라비띠

그리고 천왕전 밖으로는 천왕의 무능한 형들을 비롯한 홍씨 일가 친족들이 인의 장막을 치고 국정을 마비시키며 곡물 사재기나 하고 있습니다.
뭐, 나님도 홍씨 일가 친족이지만….

이제 난징은 오로지 망할 땅입니다. 충왕, 당신이 이번에 안휘성을 쳐서 중원 내륙으로 향할 수 있는 태평천국의 새로운 활로를 뚫어주십시오.
으음;;;

에라, 모르겠다.
지르고 보자.
충

1863년 3월,
이수성은 5~7만 병력을 이끌고
장강을 건너 안휘성 깊숙이 진격.

양저우
푸커우
난징
진장
단양
허페이
창저우
쑤저우
후저우
자싱
안칭
항저우
어이구,
저리 멀리 마실도 가고
여유 있으시구먼?

헉?! 이 시점에
장발적이
안휘성으로?!
에라 모르겠다
공격 같은데요.

이속의 안휘순무
※ 삼하대첩 때 전사한 이속빈의 동생.

저리 대군을 끌고 와
속전속결을 바라는 적에게는
청야전술로 답해준다!
안휘성의 모든 마을을 싹 비워라!
곡물은 모조리 성으로 들이고
성으로 들이지 못하는 건 다 태워라!

그리고 성에서
절대 안 나가고
버티면 된다.
야, 이 비겁하고 악독한 놈아!
이깟 전쟁이 뭐라고 백성들
다 죽으라고 청야전술이냐?!
나와서 정정당당하게
한판 뜨자!

이수성軍은 허페이 공략을 시도하지만,

단기간에
성을 무너뜨리기에는
화약이 부족해;;
그리고 시간을 더 끌면;;

우리 軍
식량이 순식간에
바닥난다!
태평천국은
내륙 깊숙이 진격한 대군에
지속적으로 보급을 댈 능력을
상실한 지 오래.

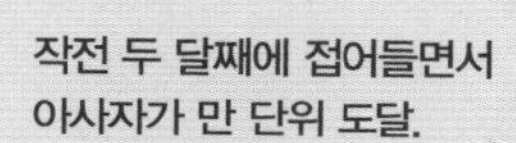
작전 두 달째에 접어들면서
아사자가 만 단위 도달.

전투다운 전투도 없이
그냥 가만히 있는 것만으로
전멸하겠다!!

@#$!
철수!!!

형님의 한을
풀었습니다!
1863년 5월, 이수성軍 철군.
철수하면서 수만 명이
기아와 역병으로 쓰러진다.

5월 말, 난징으로 돌아가기 위해 장강을 건너는데-

양저우
푸커우
난징
진장
단양
허페이
창저우
쑤저우
후저우
자싱
안칭
휴, 그래도 이제
장강만 건너면 집이다;;
슈우우웅

끄아아윾?!
콰콰콰콰
쿵쾅쾅쾅

난징을 봉쇄하기 위해 모여든 수백 척의
청 수군 포함들이 이수성軍의 도하를 덮친 것.
콰광
팽옥린 함대!
흐어;; 흐에에ㅔㅇㅀ;;
으어으어험ㅇㄴㄹ러ㅎㄹ;;;

장강 도하 과정에서
수많은 병사가 수장되고,
다수의 병사가 장강을 건너지 못하고
흩어져 안휘성 곳곳에서 지리멸렬 죽어갔다.

이수성은 소수의 병력만 간신히 난징으로 귀환.

으어;;러ㅎㅉㄹ
천왕 폐하~
알라까비또깔라비또깔라비띠
알라까비또깔라비또깔라비띠
알라까비또깔라비또깔라비띠

. . .
알라까비또깔라비또깔라비띠
알라까비또깔라비또깔라비띠
알라까비또깔라비또깔라비띠

알라까비또깔라비또깔라비띠
알라까비또깔라비또깔라비띠
알라까비또깔라비또깔라비띠
알라까비또깔라비또깔라비띠
알라까비또깔라비또깔라비띠
알라까비또깔라비또깔라비띠

알라까비또깔라비-
아, 지금
알라 깔 때가 아니에요!
상하이에서 적들이
공세를 시작했다고요!!
잉?!

쑤저우를 지키려는 담소광軍과, 쑤저우로 가는 길을
뚫으려는 이홍장軍은 지난해에 이어 계속 일진일퇴를 거듭.

일진일퇴는
일진은 일찍 퇴학당한다는
뜻이야.
그럴듯한데?!
양저우
푸커우
진장
난징
단양
창저우
쑤저우
상하이
후저우
자싱
항저우

1863년에는 상승군 임시 지휘관
르 브르통이 대포 폭발로 사망.

이 용병단 지휘관 자리는
마가 낀 게 틀림없어!!
쿠콰

마가 낀 게 아니라
영국인의 지도력이
필요했던 거죠.
1863년 3월
찰스 조지 고든 대위,
상승군 지휘관으로 착임.

Teatime은 영국이 만든
Culture의 극치군요.
오, 영어를 좀
배우고 계신가봅니다?
미국인들에게
미국 영어를
조금 주워들었습니다.
원, 그런 북미 잡종 피진
유사언어에 영어라는 이름
붙이지 마시고, 이제 제대로 된
영국 영어를 알려드립죠.

근데
구인공고 보니까 상승군 말고
'상첩군'이라는 것도 있던데요?
JOB in CHINA!
아아;; 상첩군;;; 그게 말이죠….
좌종당이라는
좀 이상한 아저씨가 있거든요-

이홍장이
상승군을 거느린다면,
나님은 상첩군을 만들겠다!!
항상 대첩을
치르는 군대!!
Ever Triumph Army
常捷軍
ETA?
바스크
분리독립 단체?!

프랑스 해군의 프로스페 지켈 중위를 대장으로
다수의 프랑스군 장교를 고용,
중국인 병사들을 훈련시킴.

엉-! 드-!
엉-! 드-!

근데 좌종당은 용병단을
무슨 돈으로…
아, 그건 항저우
상인들이 내줬죠!

이홍장 회군 회계 인턴 **성선회**(19세)

항저우 상인들이 항저우와 닝보를 빨리
수복해달라고 좌종당에게 자금을 지원했죠.
그 자금 관리는 호설암이 맡았답니다.

호설암(40세)

비교 도식화하기 좋아하는 사람들은
이런 식으로 보겠죠.

좌종당

이홍장

초
호남성 초군

회
안휘성 회군

프랑스 장교의
상첩군

영국 장교의
상승군

HANGZHOU
杭州
항저우
상인들의 지원

상하이
상인들의 지원

아무튼 저 좌종당의 초군은 3월 현재 항저우 주변 거점들을 다 점령했고,
이제 항저우에 간단하게 입성하는 일만 남겨놓고 있습니다.

제가 밥값을 좀 잘합니다!!
양저우
진장
푸커우
난징
단양
창저우
쑤저우
상하이
후저우
자싱
항저우
만약 초군이 쑤저우 방면으로 북상한다면, 좌종당에게 쑤저우 막타를 스틸당할 수도 있습니다.

그러니 빨리 쑤저우를 쑤셔야…
그전에 먼저 상승군을 제대로 정비하고 전투에 나서야겠습니다.

일단
일요일 예배 출석 엄수!
아편·도박 금지!!
예배 본다고
전투력이 올라가나?
최소한 지옥은
면해야제.
용병단 종군 목사는
담뱃대 물고 설교하네.

회군도 전력 강화!!
병력 4만 명 확보!
이번 달은 돈을
아껴 써야 해요;;

영국제 화포 수십 문과
작열탄·포함 구입!!
아껴 써야
한다고요,
X 님아!!
괜찮, 괜찮,
쑤저우 함락시키고
약탈하면 흑자 됨.

지휘부는 여유롭게 포함을 타고
수로를 따라 오르내리며 지휘합니다.
1863년 5월, 회군과 상승군은 공세 개시.
양저우
푸커우
진장
난징
단양
창저우
태평천국군 저항을 분쇄하고
순조롭게 쿤산 남북 방향을 제압.
쑤저우
쿤산
상하이
후저우
자싱
항저우

6월, 쿤산 함락.
7월, 쑤저우에 회군, 상승군의 공격이 닿기 시작한다.

으어; 저놈들
왤케 세졌냐;;
Cheers!!

으어;; 난징 쪽에서도 안휘성 공세
대실패로 병력 다 말아먹어서
지원해줄 여력이 없다는데;;
나님도
여기까지인가;;
덜컥

음?
후후, 뭔가 도움을
절실히 바라고 계시군요?
어떤 대가를 치르더라도?

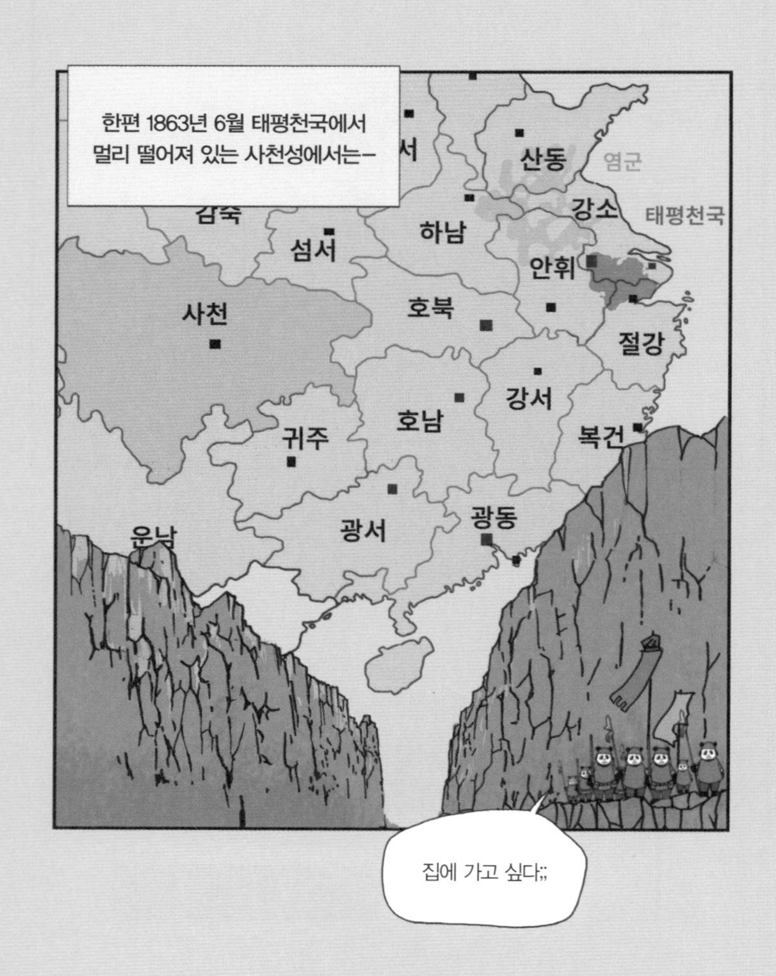
한편 1863년 6월 태평천국에서
멀리 떨어져 있는 사천성에서는–
산동
염군
강소
태평천국
하남
섬서
안휘
사천
호북
절강
강서
호남
복건
귀주
광동
광서
운남
집에 가고 싶다;;

석달개가 긴 여정의 끝을 앞두고 있다.

하…

아오, 진짜 앞으로
난징 쪽으로 오줌도 안 눈다.

1857년 5월, 난징을 떠난 이래,

강서성

호남성

광동성

광서성

귀주성을 거쳐—

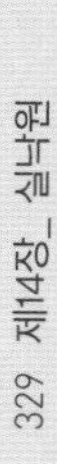

1863년 현재,
사천성 깊숙히 들어와 있다.
산서
산동
해
감숙
강소
하남
섬서
안휘
사천
호북
절강
강서
호남
복건
귀주
광동
운남
광서
사천성! 촉 땅!
험준한 산세로 둘러싸인 풍요로운 평야!
가히 세력을 키워 천하를 노려봄 직한 땅!

BUT, 사천 사람들은
반란에 별로 관심이 없었고,
동쪽 떼죽음 난리를 우리 땅까지 가져오지 마세요.
태평천국과 싸워봤던
사천 총독 낙병장은
부내 병력을 총동원해
석달개를 추적한다.
으어; 여기는 좀 아닌갑다;;

더 서북 쪽으로 가서 위구르 애들이랑 동업해볼까나… 이슬람이나 태평천국이나 기독교 비스므리하니까 말이 좀 통할지도…
이쪽으로 가시면 대도하를 건너 북쪽으로 가실 수 있습니다~
크읏!! 민중은 우리 편이 아니었구나!!
하지만 현지 길 안내인의 배신으로
석달개 일행은 대도하의
막다른 절벽으로 몰린다.

모실 수 있어서
영광이었습니다.
...
석달개를 끝까지 따라온 2천여 명의 병력은
이제 5만의 청군에게 포위되어 몰살 위기.

나님의 산 몸뚱아리를
사천 총독에게 바치면
너희들 목숨은 구할 수
있을지도 모르겠다.
아이고, 익왕 전하. ㅠㅠ
그럴 바엔 그냥 죽으렵니다.

1863년 6월,
석달개, 청군에 항복.

나님을 생포하는 공을 드릴 테니
부하들의 목숨은 살려주시오.
흐음~
어쩔까나~

아오, 어차피
이럴 거;;
석달개가 항복했음에도
청군은 석달개의 부하
2천 명을 모조리 학살.

그리고 6주 후, 석달개 능지처형.

영국에 《실낙원》이라는
시집이 있다던데…

우리는 천국을 잃어버렸던가.
아니면 천국이 우리라는
엉터리 시를 썼던 걸까….

알라깔라또갈라비또깔라비띠
알라깔라또갈라비또깔라비띠
알라깔라또갈라비또깔라비띠

알라깔라또갈라비또깔라비띠
알라깔라또갈라비….

• • •

곱씨의 오만잡상

태평천국 전쟁의 이모저모에는 정말 이해가 가지 않는 부분들이 넘쳐납니다. 그중에서도 간단한 의문을 하나 꼽자면, 태평천국이 난징 주변의 장강 강변을 모두 점거했으면서도 장강에 오르내리는 선박들을 통제할 수 없었다는 사실입니다. 우창에서 상하이로 가는 청군 선박이 난징성 코앞을 태연하게 지나갈 수 있었다는 건 지금 기준으로 생각하면 납득하기 힘들죠(물론 이홍장군이 상하이로 갈 때 탄 배는 영국 깃발을 달았다고는 하지만). 일단 태평천국 수군이 소멸해 장강 제하권을 상실했다는 부분은 이해하겠습니다. 배로 강을 막고 대포를 쏜다든가 검문검색을 할 수는 없겠죠. 하지만 강변에 포대를 설치하고 대포를 쏜다면 강을 오가는 배를 간단하게 격침시킬 수 있지 않았을까요?

그런데 이게 또 그렇게 쉬운 일은 아닌 것 같습니다. 일단 난징이 위치한 장강 하류의 강폭은 우리가 흔히 생각하는 '강'의 스케일을 훌쩍 뛰어넘는 것입죠. 한강대교의 길이가 1,005m인데 난징에 위치한 난징장강교의 길이가 6,772m입니다(1950년대에 소련의 지원으로 지어진, 장강의 난징 유역에 건설된 최초의 다리라고 합니다). 장강 하류의 강폭이 한강 하류의 일곱 배 정도 된다고 볼 수 있는 부분이죠. 이는 강 양편에 포대를 건설해도 3.4km 밖의 작은 표적을 대포로 쏴 맞춰야 한다는 소리인데, 이 시기 서양의 최신형 12파운드 암스트롱포의 사거리가 1.2km인 점을 고려하면 (큰 구경장의 함포 정도는 돼야 3km를 넘어가고 말입죠) 태평천국 포병이 갖춘 구형 대포와 숙련도로는 장강 한복판을 빠르게 이동하는 증기선을 요격하는 것이 사실상 불가능하다고 볼 수 있는 부분입니다. 더구나 장강 하류의 강변 풍경은 거대한 백사장과 늪지로 이루어진 쓸쓸한 풍경인지라 여기에 어떻게 포대를 짓고 대포를 움직일 만한 지형적 유리함이 없죠. 태평천국 입장에서는 어차피 제대로 쏴 맞추지도 못할 거, 괜히 서양 선박을 잘못 건드려서 보복 포격을 당하느니 장강을 오가는 선박들에게는 신경을 끄는 편이 나았을 것도 같습니다.

또 더 하류로 내려가 상하이 근처까지 오면, 장강의 지류들이 거미줄처럼 갈래갈래 갈라져 수많은 호수를 연결하는 하천의 미로를 형성합니다. 그리고 이 거대한 미로 속을 태평천국의 사략선이나 중국과 서양의 수적들이 돌아다니며 무역선들을 약탈하고 각종 밀거래를 진행했던 것입니다. 이 또한 통제 불가능한 장강의 난해한 풍경이라 하겠습니다.

오늘날에는 장강 크루즈가 상하이·난징·우창·충칭을 오가고 있으니, 삼국지에서 국공내전에 이르기까지 장구한 역사의 파도를 품은 물길을 5성급 호텔 시설에 머물며 유유자적 즐기는—조조보다 더한 사치도 가능하답니다.

주요 사건 및 인물

주요 사건

2차 다구포대 전투

1858년의 1차 다구포대 전투에서의 패전을 교훈 삼아, 청나라 조정은 승격림심을 사령관으로 임명해 다구포대를 재정비한다. 1859년 6월, 영국 함대가 톈진 조약의 비준을 독촉하기 위해 해하 하구로 진입, 해하 하구의 장애물 철거에 나서면서 2차 다구포대 전투가 시작된다. 이 전투로 영국 함선 네 척이 격침당하고 여섯 척이 중파되었으며, 따라온 프랑스 함선 한 척도 격침당한다. 이 승리로 승격림심은 군왕에서 친왕으로 승작된다. 2차 다구포대 전투의 승리에도 불구하고 이듬해 증파된 영불연합군에 의해 다구포대는 함락당하고 청나라는 2차 아편 전쟁에서 굴욕적인 패전을 당한다.

베이징 조약

2차 아편 전쟁 종결을 위해 청나라가 서구열강과 맺은 조약이다. 1860년 10월 24일과 25일에 걸쳐 조인된 베이징 조약에는 톈진 조약의 재확인•비준과 더불어 톈진 개항과 영국에 대한 구룡반도 일부 지역 할양, 각종 배상금 추가 지불, 중국인 노동자들의 해외 이주 개방 등의 항목이 추가되었다. 이와 별도로 러시아에 대해서는 아이훈 조약에 의해 할양키로 했던 흑룡강 너머의 땅에 더해, 청나라와 러시아의 공동 영토로 설정했던 연해주까지 통째로 할양한다.

삼하대첩

1858년 11월, 태평천국군과 청군이 허페이 근처 삼하진에서 치른 전투. 이 전투에서 이수성과 진옥성 등이 이끄는 2만 5천의 태평천국군이 이속빈이 이끄는 청군을 격파한다. 이속빈과 증국화 등 고위 장교들을 포함해 청 상군 6천여 병력이 전멸당한다. 태평천국군이 사전 기동하는 과정에서 난징 근처에 있던 청 관군의 강북대영이 궤멸당했으며 안휘 방면으로 진출했던 청군 세력이 모두 무너지고 안칭을 포위했던 청군도 철퇴하는 등, 전쟁 전체 국면에 있어서 태평천국에 큰 승기를 가져다준 전투다.

우화대 전투

1862년 7월, 증국전이 이끄는 청군 3만이 난징성 바로 옆 우화대에 주둔한다. 태평천국의 본거지 턱밑에 자리잡은 적 세력에 위협을 느낀 홍수전은 상하이 전선의 이수성을 호출해 이를 쓸어버리도록 명한다. 9월, 이수성은 13만에 달하는 병력을 거느리고 우화대에 대한 속전속결 공세에 나서지만 성과없이 큰 희생만 치른다. 결국 이수성은 한 달만에 패배를 인정하고 병력을 거둔다. 이후로 우화대의 증국전군은 계속 증강되어 결국 2년 후의 난징 공략으로까지 이어진다.

원명원 방화사건

2차 아편 전쟁 중, 영국 인질들을 살해한 청나라에 대한 보복으로 영불연합군이 청 황실의 정원인 원명원을 약탈하고 불태운 사건이다. 원명원은 18세기에 건륭제가 이탈리아 신부 미술가 카스틸리오네 등을 기용해 건축한 별궁으로 높은 문화 예술적 가치를 지녔지만 1860년 10월 18일 영불연합군에 의해 전소당한다. 당시 원명원에 난입한 영불연합군은 살인·방화·약탈·강간 등 수많은 만행을 저질렀고, 전리품으로 각종 보물을 챙겼다. 프랑스 장군 몽토방은 약탈품 가운데 일부를 나폴레옹 3세에게 진상했고, 그 진상품 가운데 800여 점이 현재 프랑스 퐁텐블로궁 중국관에 진열되어 있다.

팔리교 전투

영불연합군이 팔리교에서 청나라의 만몽팔기군을 섬멸한 전투. 2차 다구포대 전투의 승리에 고무된 청나라는 톈진 조약 비준 거부를 선언한다. 이에 영국과 프랑스는 각각 1만 3천, 7천여 명의 병력을 이끌고 베이징을 향해 진격한다. 2차 다구포대 전투와 다르게 다구포대는 곧바로 함락당하고, 영불연합군은 퉁저우를 거쳐 베이징 코앞인 팔리교에 당도한다. 팔리교에서 승격림심은 만몽팔기 1만 기를 포함한 3만여 병력으로 맞서지만, 영불연합군의 막강한 화력으로 인해 만몽팔기의 돌격은 돈좌하고 청군은 대패한다. 부사령관 승보는 총상을 입고 후송되었으며 사령관 승격림심은 이 전투의 패전 책임을 지고 해임당한다.

주요 인물

숙순肅順

황실의 먼 친척으로 함풍제의 총애를 받던 권신. 함풍제 제위 초, 반부패 개혁 운동의 선봉장으로 중용되어 정국을 주도하며 권세를 떨쳤다. 뛰어난 안목으로 한족 인재들을 발탁해 청 조정이 태평천국의 난을 진압하는데 크게 기여했다. 하지만 1860년, 영불연합군을 피해 함풍제를 데리고 열하로 도망치면서 권위에 금이 가기 시작한다. 황제 붕어 후 보정대신들을 이끌며 의귀비의 수렴청정을 막기 위해 애썼으나, 결국 공친왕 혁흔과 의귀비의 손에 숙청당한다.

승격림심僧格林沁

몽골 귀족 출신 군왕으로 만몽팔기를 지휘하며 태평천국 전쟁과 2차 아편 전쟁 당시 청군을 이끈 사령관이다. 1853년에 태평천국군의 북벌을 톈진에서 맞아 싸워 좌절시켰다. 2차 아편 전쟁 당시 흠차대신이었으며 2차 다구포대 전투 때 영불연합군에 맞서 승리를 거둬 군왕에서 친왕으로 승작된다. 그러나 이후 재침공한 영불연합군과의 팔리교 전투에서 만몽팔기 1만 기를 잃고 패배해 해임당한다.

의귀비懿貴妃(서태후西太后)

함풍제의 세 번째 황후이자 동치제의 생모. 2차 아편 전쟁으로 함풍제, 황후 뉴호록씨와 함께 열하로 피난 갔다. 열하에서 함풍제가 붕어한 후, 의귀비는 공친왕 혁흔과 손잡고 정적인 숙순을 숙청하는 신유정변을 일으킨다. 이후 숙순 일파가 정한 연호였던 '기상'을 '동치'로 변경하고 동태후와 함께 수렴청정에 나선다.

이속빈李續賓

청나라 상군 장수로, 석탄장수 향토 의용병 출신이나 난세를 맞이해 활약한 덕분에 벼슬이 안찰사, 절강포정사 순무 등에 이르렀다. 호림익 휘하에서 군을 이끌며 장강과 안휘성으로 깊숙하게 진격, 태평천국군을 상대로 수차례 승리를 거두며 명장으로 이름을 날렸으나, 허페이를 향해 진격하던 중 삼하대첩에서 패배해 전사한다. 그가 가난했던 시절 석탄 팔아 공부시킨 동생 이속의가 훗날 안희순무로 허페이에 부임했고, 허페이로 쳐들어온 이수성군을 패퇴시켜 형의 복수를 이룬다.

이수성李秀成

광서성 시골 출신으로 고향 후배인 진옥성과 함께 배상제회 초기 기의에 함께 가담했다. 태평천국 후기에 군을 이끌며 진옥성과 함께 여러 전투에서 크게 활약했다. 강남대영을 궤멸시키고 푸커우를 탈환한 공으로 충왕 작위를 받았다. 강남대영을 궤멸시킨 이후 동쪽을 정벌해 상하이를 취하자는 동정東征을 주장했다. 이에 따라 강소성 남부와 절강성 북부를 휩쓸며 상하이 공략을 시도한다. 쑤저우에 입성한 이수성은 상하이의 서양 선교사들을 초대하는 등 서양 세력의 중립을 꾀하지만, 상하이의 영불 세력은 청나라를 도와 이수성의 태평천국군을 격퇴한다. 이후 다시 동정을 계획하지만 우화대 전투로 난징이 위험하다는 연락을 받고 상하이 전선에서 회군한다.

이홍장李鴻章

안휘성 허페이 출신으로 과거시험에 합격해 한림원에서 수학하던 시절에 증국번을 스승으로 모셨다. 증국번이 아끼던 수제자로, 1858년 복건성의 한직에 있다가 증국번의 참모로 기용된다. 고향인 안휘성에서 모집한 회군을 이끌고 강소 순무로서 상하이 방면에서의 방어전을 성공적으로 수행한다. 우화대 전투로 이수성이 동부전선을 떠난 사이에 쑤저우를 공격해 태평천국의 담소광과 일진일퇴를 거듭한다.

제임스 호프 James Hope

2차 아편 전쟁을 전후해 중국에서 활동한 영국 해군 제독이다. 청나라에게 톈진 조약 비준을 강요하기 위해 병력 2,200명, 함선 스물한 척을 이끌고 톈진 앞바다로 올라온다. 다구포대 앞의 수중 방어물들을 철거하기 위해 나섰지만 역습을 당해 대패한다. 영국은 2차 다구포대 전투를 '비열한 기습'이라 호도하고, 전투의 패장이던 제임스 호프에게는 분투한 공으로 훈장을 수여한다.

좌종당左宗棠

호남성 출신 선비로, 과거시험 본시에서 수차례 낙방했으나, 일찍이 임칙서 등에게 재능을 인정받았다. 난세를 만나 전선 여기저기를 기웃거리다가 증국번의 참모로 기용되어 태평천국군에 맞선다. 이후 경당 벼슬을 받고 초군을 창설, 초군을 이끌고 절강성으로 진입한 좌종당은 항저우 상인들의 지원을 받는다. 이러한 자금 지원에 힘입어 상승군을 본따 프랑스 해군의 프로스페 지켈 중위를 지휘관으로 삼은 상첩군을 창설하기도 한다.

진옥성陳玉成

태평천국 후기의 군사 지도자로, 고향 선배인 이수성과 함께 태평천국군을 이끌었다. 일찍이 1854년 서정 때 열아홉 어린 나이로 우창성 함락에 큰 공을 세워 군 고위직으로 중용된다. 이후 여러 전투에서 크게 활약했으며, 1858년 이수성과 함께 강북대영을 궤멸시키고 삼하대첩의 승리를 거둬 영왕에 봉작된다. 상하이 공략을 주장한 이수성과 달리 진옥성은 장강을 따라 서쪽으로 진격해야 한다는 서정西征을 주장한다. 이에 따라 진옥성은 장강 변의 거점인 안칭 포위를 풀기 위해 안칭으로 진격했지만, 증국전의 강력한 참호진을 뚫지 못하고 허페이로 퇴각한다. 이후 허페이 방어에도 어려움을 느껴 화이난까지 후퇴한다. 이곳에서 청군에 매수된 염군 두목 묘패림의 배신으로 승보에게 넘겨져 1862년 5월 처형당한다.

호림익胡林翼

청나라의 상군 지도자로, 호북 방면을 담당했다. 전쟁 초기부터 우창 방면에 집중하다가 1856년 휘하 맹장 이속빈과 함께 태평천국군으로부터 우창을 수복한 공으로 호북 순무로 임명된다. 이후 장강을 따라 주장-후커우로 진격하면서 태평천국군에 맞선다. 군사뿐 아니라 점령지 통치, 행정 조직 재건, 병력 충원, 물자 보급 관리 등에서도 뛰어난 능력을 발휘해 사실상 상군의 척추 역할을 맡았다. 증국번과 함께 태평천국 격파의 가장 큰 공신으로 꼽혔으나 전쟁 중인 1861년 9월 지병으로 사망한다.

홍인간洪仁玕

태평천국의 후기 지도자이자 홍수전의 사촌동생으로, 간왕으로 책봉되었다. 태평천국 초기에 홍수전과 함께 활동하다가, 난징으로 향하던 시기에 길이 엇갈려 청군을 피해 홍콩에 몸을 숨기고 그곳에서 서양 선교사들과 교류하며 서양 문물을 익힌다. 홍콩 유학을 마치고 난징으로 들어와 우체국과 신문사 설립, 공장 건설, 서구와 교역 적극 추진 등 서구화 개혁안을 내놓는다. 하지만 그의 친서양 정책은 태평천국의 수뇌부에 받아들여지지 않는다. 이후 상하이에서 서양 세력이 태평천국에 대한 적대를 확실히 함으로서 발언권을 잃고 세자의 교육 담당으로 밀려난다.